Ulrich Kasparick

Der Darß zwischen 1933 und 1945

Eine Studie zur Regionalgeschichte im nördlichen Teil des ehemaligen Landkreises Franzburg-Barth

epubli-Verlag Berlin

Dieses Büchlein ist dem Russen Pomko Kararyba (geboren am 27. 07. 1902) und seinem Landsmann Grigorij Danissenko (geboren am 21. 11. 1924) gewidmet. Sie wurden Mitte April 1945, kurz vor dem Ende des Krieges, aus der SS-Meilerei Born a. Darß gemeinsam mit anderen wegen „Erschöpfung" abgezogen und starben am 27. 04. 1945 im KZ-Außenlager Barth.

Ich habe Pomko und Grigorij nicht gekannt und dennoch bin ich mit ihnen verbunden, denn eine meiner Großmütter war Jahrgang 1902 und meine Eltern wurden Ende der zwanziger Jahre geboren…….

Impressum

Texte: © Copyright 2019 by Ulrich Kasparick
Hauptstraße 36 in 13055 Berlin

Umschlag: © Copyright by Ulrich Kasparick

Verlag und Druck: epubli - ein Service der neopubli GmbH, Berlin

Nachbestellung als print oder eBook:
https://www.epubli.de/shop
oder beim Autor.

Sag, was gewesen ist

Als ich im September 2019 wieder einmal für einen längeren Aufenthalt im schönen Prerow war, habe ich mir die Homepages der Darß-Kommunen besehen und fand Seltsames: über die Jahre 1933 – 1945 stand da nichts geschrieben. Es war, als hätten in jenen Jahren keine Menschen in Prerow, Ahrenshoop, Wieck, Born und all den anderen Orten rund um den Bodden gelebt.
Wie kann das sein? 70 Jahre Forschung liegen hinter uns, eine Unmenge an Fakten haben die Universitäten zusammengetragen – aber kein Eintrag auf der kommunalen Homepage über die Zeit zwischen 1933-45? Was für Gründe kann es geben, dass in der öffentlichen Chronik einer Kommune im Jahre 2019 diese Jahre schlicht nicht vorkommen?
Man kann Geschichte nicht verschweigen.
Sie wirkt ja dennoch. Und je mehr verschwiegen werden soll, je stärker wirkt, was verschwiegen werden soll. Nichts wirkt stärker als ein Tabu.
Also begann ich, nachzufragen. Dann habe ich notiert, was ich fand. Recherchen folgten: im Stadtarchiv Barth, im Pfarrarchiv Prerow, im Ortsarchiv Born, im Museum Prerow, im Bundesarchiv, im Archiv der Universität Greifswald. Gespräche, Tonbandaufzeichnungen, immer neue Hinweise. Die sechs Wochen in diesem Sommer waren gut ausgefüllt. Nach und nach

zeichnete sich ein ungefähres Bild über die gesellschaftlichen und politischen Verhältnisse in jenen Jahren ab, das in der nun vorliegenden Studie *wenigstens in groben Zügen* nachgezeichnet werden soll.
Niemand kann Geschichte komplett abbilden, deshalb bleibt auch diese kleine Arbeit nur ein *Beitrag* zur Regionalgeschichtsschreibung. Sie ist auch regional begrenzt auf den nördlichen Teil des ehemaligen Landkreises Franzburg-Barth. Diese Studie ist zudem nur eine Art Zwischenbericht, denn vieles ist noch aufzuarbeiten, vieles ist noch zu sichten und auszuwerten. Weil das Projekt ein „work in progress" darstellt, findet es auch im Internet unter https://www.facebook.com/DarssGeschichte/ statt und wird dort laufend aktualisiert. Vielleicht trägt das Büchlein dazu bei, dass an ausgewählten Orten jener Jahre – zum Beispiel am ehemaligen KZ in Born, das im „Borner Hof" untergebracht war -, eine *Gedenktafel* angebracht wird.

Ulrich Kasparick
Prerow/Berlin im Oktober 2019

Kaiserzeit und Weimarer Republik

Der Nationalsozialismus ist in Deutschland nicht einfach „vom Himmel gefallen" – er hat alte Wurzeln. National denkende Menschen, völkisch denkende Menschen, antisemitisch denkende Menschen gab es auch in Pommern (seit 1815 preußische Provinz) lange vor der sogenannten „Machtergreifung" der Nationalsozialisten. Die Wurzeln des Nationalsozialismus und des deutschen Faschismus reichen sehr weit zurück. Wenn wir genauer verstehen wollen, was in den Gemeinden des damaligen Landkreises Franzburg-Barth in den Jahren 1933 – 45 vor sich ging, müssen wir mindestens zurückschauen in die Zeit der Weimarer Republik und weiter zurück in die Jahre um die Jahrhundertwende, die zum Ersten Weltkrieg führten.
Über jene Jahre ist sehr viel publiziert worden, weshalb ich mich hier auf ein paar wenige wichtige Linien beschränken kann. In unserem Zusammenhang sei auf die ausgezeichnete Darstellung der Geschichte Pommerns von Kyra T. Inachin hingewiesen[1].
Die Gemeinden im Landkreis Franzburg-Barth waren **arm**[2]. Besonders schwer hatten es Landarbeiter, Ungelernte, Behinderte und Kinderreiche. Haupteinnahmequellen waren Landwirtschaft, Fischerei, Bootsbau,

---

1 Kyra T. Inachin. Die Geschichte Pommerns, Hinstorff 2008

2 Das pommersche Prokopfeinkommen belief sich 1913 auf nur 75,2% des Reichsdurchschnitts; vgl. Kyra T. Inachin, a.a.O. S. 152

Handwerk und Forstwirtschaft. Industrie gab es anfangs nicht. Die Verkehrswege waren schlecht. Sandige Straßen[3], kaum befestigte Wege.
Immer mehr Landbewohner wanderten ab. Man zog in die Städte, besonders nach Stettin, Hamburg oder Berlin[4]. 1910 wohnte nur noch knapp die Hälfte der Bevölkerung Pommerns in Orten unter 2000 Einwohnern[5]. **Stettin** entwickelte sich immer mehr zum industriellen Zentrum.
In die Zeit des Kaiserreichs gehören die beginnende *Elektrifizierung* und der Ausbau der *Schienenwege*[6]. 1897 hatte bereits jede Kreisstadt in Pommern Schienenanschluss. *Mit der Schiene kamen die Urlauber* und damit eine neue Einnahmequelle für die armen Fischer- und Handwerkerdörfer rund um den Bodden.
Der Einfluss der Kirche war groß. Die meisten Pommern waren evangelisch-lutherisch. Was der Pfarrer

---

[3] Noch 1945 ist die SS im Wald bei Born mit ihren LKWs auf der Flucht nach Wustrow im Sand verreckt, so schlecht waren die Wege.

[4] Noch heute spürt man den großen Einfluss dieser Städte in den Orten des Darß

[5] Vgl. Kyra T. Inachin, Die Geschichte Pommerns, a.a.O. S. 141

[6] Gut recherchiert und beschrieben von Bernd Goltings in „Verkehrsgeschichte der Halbinsel Fischland-Darß-Zingst Bd. 1. Schienenwege zwischen Stralsund und Rostock. Darß Verlag 4. Auflage 2016

sagte, wurde gehört im Dorf[7].

In Franzburg dominierte (wie in den Kreisen Greifswald, Rügen, Rügenwalde, Anklam und Demmin) der *Großgrundbesitz*. Was wiederum Auswirkungen auf die Wahlergebnisse hatte, denn gewählt wurde der Preußische Landtag bis 1918 im *Dreiklassenwahlrecht*[8]. Pommern wählte immer mehrheitlich konservativ, allerdings mit großen Unterschieden zwischen Stadt und Land. In den Städten war die SPD stark (nach Aufhebung des Sozialistengesetzes 1890), auf dem Lande die Deutsch-Konservative Partei, die Deutsche Reichspartei bzw. die Nationalliberale Partei. Die Antisemitische Partei und der Bund der Landwirte spielten in Pommern eine größere Rolle als die reichsweit bedeutsame Zentrumspartei[9].

Der Erste Weltkrieg 1914 - 1918

Auch in Barth, Zingst, Prerow, Wieck, Born und den kleinen Siedlungen rund um den Bodden wurde dieser Krieg von der Bevölkerung bejubelt. Man brachte die Soldaten mit Blumen und wehenden Fahnen zu den Bahnhöfen, winkte durchfahrenden Soldatenzügen zu. Die neuesten Berichte von der Front waren täglicher

---

[7] Ich erwähne das hier, weil wir uns mit der Rolle von Pastor Pleß in Prerow in den Jahren 1933 – 45 beschäftigen werden.

[8] Das sich nach der Steuerleistung richtete. Kleinverdiener waren von der Wahl ausgeschlossen. Pommern wurde so zur Hochburg der Konservativen.

[9] Kyra T. Inachin, a.a.O. 154

Gesprächsstoff[10]. Das Heer bestand fast ausnahmslos aus Freiwilligen. „Männer, die nie zuvor ihr Dorf verlassen hatten, erzählten auf ihrem Heimaturlaub vom Grabenkrieg, vom Krieg zu Wasser und in der Luft, von Kiew, Bukarest, Jerusalem und Konstantinopel."[11] Die staatlichen und provinziellen Behörden wurden einem militärischen Befehlshaber (in Stettin) unterstellt und die Wirtschaft wurde auf „Kriegsproduktion" umgestellt. „Mit der Sperrung der Häfen hörte der Einfuhrhandel auf, ähnlich erging es der Ostseefischerei. ….Neben der Rohstoffknappheit gehörte schon bald Personalmangel zu den größten Problemen der Wirtschaft. Frauen, Jugendliche und zunehmend auch Kriegsgefangene übernahmen die Arbeit in der Fabrik und auf dem Feld."[12]

1915 wurde die Brotkarte eingeführt, 1916 die Fleisch- und die Fettkarte. Die Zuteilungen wurden immer kleiner. Die Ernährung bestand „im Wesentlichen aus Kartoffeln und Brot". Als auch das knapp wurde, kam

---

[10] Die Tageszeitungen jener Jahre geben von dieser Kriegsbegeisterung beredtes Zeugnis. Auch zeigen Filme wie „Das weiße Band" die Kriegsbegeisterung jener Jahre eindrücklich.

[11] Kyra T. Inachin, a.a.O. 156

[12] Kyra I. Inachin, a.a.O. 156; wir werden schon bald eine Wiederholung sehen: Ab 1939 wurde die deutsche Wirtschaft wieder auf Kriegswirtschaft umgestellt. Am Ende waren es wieder „Frauen, Jugendliche und Kriegsgefangene", dazu KZ-Häftlinge, die die Wirtschaft „am Laufen hielten".

die Steckrübe[13]. Im Winter 1917 waren Kohlen in den Städten so knapp, dass nicht mehr geheizt werden konnte. Wer auf dem Lande in der Nähe von Wäldern wohnte, hatte es ein wenig leichter.
Der von Deutschland begonnene Welt-Krieg war nach nur vier Jahren mit der Niederlage Deutschlands zu Ende. Der Friedens-Vertrag von Versailles regelte, was nun zu regeln war. Deutschland, das an den Verhandlungen der Alliierten nicht teilnehmen durfte, unterzeichnete erst nach eindringlicher Aufforderung und unter Protest am 28. Juni 1919 im Spiegelsaal des Schlosses von Versailles den Vertrag, der die politische und militärische Niederlage Deutschlands besiegelte[14].

---

[13] Ich erinnere mich gut an Erzählungen meiner pommerschen Großmutter Martha Dähn (geb. 1902 in Gartz/Oder), in denen die Steckrübe vorkam. „Es war sehr schlechte Zeit" erzählte sie. Besonders im „Steckrübenwinter 1916/17"

[14] Dieser Vertrag wird später in der Propaganda der Nationalsozialisten eine zentrale Rolle spielen. Sie redeten von der „Schmach von Versailles" und davon, daß diese „Schmach" nun „wieder gutgemacht" werden müsse – was ihnen als Begründung für einen neuerlichen Krieg diente.

Weimarer Republik (1919 – 1933)

Als Philipp Scheidemann am 9. November 1918 vom Westbalkon des Reichstages in Berlin die Republik ausrief, war man davon auf dem Darß *nicht* begeistert. Denn: Pommern war konservativ geprägt, gerade sprachen wir davon. Die Novemberrevolution 1918 wurde daher eher „als großes Unglück empfunden“[15] weil damit der Sturz der Monarchie und die militärische Niederlage endgültig wurden. Die „gute alte Zeit“ war vorüber. Aber: die gegenrevolutionären rechten Gruppen gaben nicht einfach auf, sondern organisierten sich. Im Februar 1919 wurde der „Pommersche Landbund“ gegründet. Er wurde die größte agrarsoziale Interessenvertretung in Pommern und hatte 1921 bereits 120.000 Mitglieder[16]. Man nahm Kontakt zum Armeekorps in Stettin auf, eine Privatwehr wurde aufgestellt, das Armeekorps versorgte den Landbund mit Waffen, Einwohnerwehren bildeten sich[17].

Im Landkreis Franzburg-Barth provozierte der Landbund einen Erntestreik – ein Aufstand wurde inszeniert. Am 15. Juli wurde im Regierungsbezirk Stralsund der Generalstreik ausgerufen, Erntestreiks folgten.

---

15 Kyra I. Inachin, a.a.O. 159

16 Bei der dünnen Bevölkerungsdichte in Pommern kann man in etwa ermessen, dass 120.000 Mitglieder erheblichen Einfluss in den pommerschen Familien und ihre Ansichten ausübten.

17 Vgl. Kyra I. Inachin, a.a.O. 159 f.

Beim Kapp-Putsch am 13. März 1920 „zählten antirepublikanische Kräfte aus Pommern zu den Mitwissern.[18]“

1925 wird das Landratsamt von Franzburg nach Barth verlegt. 1928 wird der Landkreis in Franzburg-Barth umbenannt. Mit Wirkung vom 1. Oktober 1932 wurde der alte Regierungsbezirk Stralsund dem *Regierungsbezirk Stettin* angegliedert[19]. Ich erwähne das, weil in der Zeit des Nationalsozialismus die politische Macht in Pommern nun von **Stettin** ausging – der Darß war aber nur scheinbar in größere Distanz gerückt, denn *Telefon*, *Bahn*, *Automobilität* und *Rundfunk* verkürzten die neuen Distanzen wieder.

1921 wurde in Preußen (Pommern ist seit 1815 preußisch) ein neuer Provinziallandtag gewählt. Zum ersten Mal wählte man nicht mehr nach dem Dreiklassenwahlrecht. Nicht mehr Land- und Stadtkreise bestimmten die Abgeordneten, sondern **Parteien**. „Wie bei den Reichstagswahlen wurde auch hier die Deutschnationale Volkspartei (DNVP) die stärkste Partei. Sie erreichte mit 48,5% im Jahr 1925 ihr bestes Ergebnis. Zweitstärkste Fraktion im Provinziallandtag war die SPD, die anderen Parteien folgten erst mit großem Abstand.

---

18 Kyra I. Inachin, a.a.O. 161

19 Wir sehen: Stettin wird immer wichtiger. Später werden auch der Oberpräsident und der Gauleiter der NSDAP in Stettin residieren.

Nach den Provinzi-allandtagswahlen am 17. November **1929** zogen erstmals die Nationalsozialisten mit vier Abgeordneten in den Landtag ein, unter ihnen NSDAP-Gauleiter **Walther von Corswant**[20].

In den dann schon nicht mehr freien Wahlen am 12. März 1933 ließ die **NSDAP** ihre Konkurrenten mit **57,9%** weit hinter sich."[21]

Der 1933 neu gewählte Provinzial-landtag hatte dann schon **Rüdiger von der Goltz** als Präsidenten, der der NSDAP angehörte. „Mit ihrer Stimmenmehrheit von 44 Abgeordneten beschlossen die Nationalsozialisten nun, dass Uranträge nur noch mit 20 Unterschriften gestellt werden könnten. Dies bedeutete, dass nur noch die NSDAP Anträge stellen durfte, da nur sie über die

[20] Foto: Wikipedia

[21] Kyra I. Inachin, a.a.O. 163.

ausreichende Stimmenzahl verfügte.“[22]

Antisemitismus auf dem Darß

Schon während der Kaiserzeit und zunehmend während der Weimarer Republik gab es immer stärker wachsenden Antisemitismus in Deutschland. In den Bädern der Ost- und Nordsee, aber auch in anderen Urlaubsorten tobte sich dieser Antisemitismus unter anderem im sogenannten „Fahnenstreit“ aus. In **Prerow** und anderen Orten des Darß waren die Strandburgen in jenen Jahren mit sehr vielen *schwarz-weiß-roten* und nur sehr wenigen *schwarz-rot-goldenen* Fahnen geschmückt, wobei die schwarz-weiß-roten für die deutsch-nationalen Farben gehalten wurden und die schwarz-rot-goldenen Fahnen der Weimarer Republik als „Judenlappen“ verunglimpft wurden. Das antisemitische „Zinnowitzlied“, das man auf Postkarten an etlichen Kiosken entlang der Ostseeküste kaufen konnte und das deshalb an der Küste weit verbreitet war, begann mit den Worten: „Wo deutsch man fühlt, deutsch bis zum Tod/Da ehrt man schwarz-weiß-rot.“

Frank Bajohr zeigt in seinem Buch „„„Unser Hotel ist judenfrei“. Bäder-Antisemitismus im 19. und 20. Jahrhundert“, wie dieser Fahnen-Streit in den Bädern aus-

---

[22] Kyra I. Inachin, a.a.O. 167. Man sieht an dieser Eintragung, wie es den Nationalsozialisten gelang, mit Mitteln der Demokratie die Demokratie abzuschaffen.

gefochten wurde: „Als im Sommer **1929** ein Badegast im überwiegend nationalsozialistischen **Prerow** eine schwarz-rot-goldene Fahne mitführte, brüllte ihn der dort urlaubende Berliner NSDAP-Gauleiter **Joseph Goebbels** mit den bezeichnenden Worten an: „Das ist eine Judenfahne, ein Judenfetzen, ein Mistfetzen, und die Republik, die sie vertritt, ist eine Judenrepublik“[23]. Goebbels war am 6. Juli 1929 nach Prerow gekommen und notierte darüber in seinem Tagebuch: „Stralsund! Velgast! **Prerow**! Ich bin am Ziel. Von S.A. Leuten und Kindern mit Blumen empfangen. Die Leute geben sich alle Mühe....."

Dass Prerow schon 1929 als NS-Bad galt, geht auch aus diesem Dementi der Kurverwaltung hervor:

> In einer parteipolitischen Zeitung ist unser Ort als Badeort der betr. Partei bezeichnet worden. Wir müssen es ablehnen als Badeort irgend einer Partei bezeichnet zu werden, und bitten unsere Kurgäste, politische Auseinandersetzungen am Strande zu vermeiden.
>
> **Quelle: Fremdenführer Prerow 1929. Online-Archiv der Universität Greifswald**

Am 21. Juli 1929 reist Goebbels wieder aus Prerow ab und notiert im Tagebuch:
„Donnerstagfrüh von vielen Freunden zur Bahn gebracht. Die Ortsgruppe schenkt mir einen Aal. Ab-

[23] Frank Bajohr, Unser Hotel ist judenfrei, Fischer-Taschenbuch 2003, S. 98

fahrt. Winken, Winken. Ade, Prerow!“[24]

Prerow Strand 1929, obwohl Deutschland Republik ist, zeigt die Burg die schwarz-weiß-rote Fahne der Kaiserzeit.
Quelle: Fremdenverkehrskatalog Prerow. Online-Archiv der Universität Greifswald

Der Berliner Maler **George Grosz** schreibt am 23. 8. **1931** aus Prerow an seinen Freund Eduard Plietzsch: „….Man sieht überhaupt nur Schwarz-Weiß-Rot. Schwarz-rot-mostrichfarbene Fahnen zählten wir bis jetzt im ganzen zweie, und die noch schämig versteckt unter anderem größeren Gewimpel, damit es nicht zu sehr ins Auge fällt. Ne schöne Republicke, kann man

---

[24] Ralf Georg Reuth (Hg). Joseph Goebbels Tagebücher. Band 1 1924 – 1929, Piper Verlag München, 2. Auflage 2000, S. 388; 390

da sagen! ….Z.B. ist da ein Hauptmann von Levetzow, müßtest du sehen, braune Hakenkreuzbluse über Biertrinkerbauch, natürlich damit man ja weiß, wozu er gehört. Hakenkreuzbinde am Ärmel, und dazu nun ein langer Vollbart, kaum glaublich, und Monokel. Dieser sagenumschwirrte Würdebold geht täglich (oder ging, jetzt ist er weg) zum Bahnhof mit seinen zwei Jungens, diese trugen an jeder Hand große Hakenkreuzflaggen, und wenn dann ein Zug einlief, trat er auf den Bahnsteig, um nachzusehen, ob auch keine Juden mitkamen…. Kam doch mal einer, so ging er kühn und voller Rassenzorn in dessen Nähe und hielt sehr laute kommandoartige judenvernichterische Reden. Toll das, nicht wahr? Voriges Jahr, erzählte uns ein hiesiger Demokrat, dem auch schon mal der Hut heruntergefegt wurde durch solch einen politischen Donnermann….soll es viel toller gewesen sein. Da sollen dauernd Hutherunterschlagungen, Schirmspitzenattentate und Reitpeitschenzüchtigungen vorgekommen sein. Na, jetzt ist's vollkommen juden-rein…Und die Burgen am Strande, was sich da austobt und angibt an tüchtiger Gesinnung! Enorm: kommen die Brüder nun her, um eigentlich mal aus dem Dreck auszuspannen und sich's wohl sein zu lassen und zu erholen – nein, sofort wird ein politisches Denkmal und Bekenntnis abgelegt und aufgepflanzt. In Sandornamenten und poetisch mit sorgsam sortierten Muscheln gelegt oder aus gelben distligen Dünenblümchen liest Du da: „Heil Hitler", „Trutzburg", „Juda verrecke", „Deutschland

erwache", „Braunes Haus", „Hitler sei's Panier", „Jung-Siegfried", „Zu den drei Deutschen" usw. - alle politischen Schlagworte findest Du vor. Natürlich nur die rechten, versteht sich. Und das, was Spiel sein sollte, nämlich Sandburgen zu bauen, ist plötzlich heilige Funktion; fehlt noch – und dahin kommt's sicher – daß man durch Verbeugung und Hosennaht-Gruß diese Kultbauten ehren muß. Toll das."[25]
Bajohr notiert über jene Jahre:
„Seit Mitte der zwanziger Jahre sorgte die „Flaggenfrage" in vielen Bade- und Kurorten für *tumultartige* Auseinandersetzungen unter den Badegästen. Dabei hatten vor allem die Anhänger der schwarz-rot-goldenen Reichsfarben einen schweren Stand, da sie sich fast überall in der Minderheit befanden. In einem antisemitischen Badeort eine schwarz-rot-goldene Fahne aufzuziehen erforderte viel Mut und glich einem Kommandounternehmen auf feindlichem Territorium, bei dem Anpöbeleien und gewalttätige Übergriffe zu gewärtigen waren."[26] Am Beispiel der Flaggenfrage wird sichtbar, „daß jene gesellschaftlichen Schichten, die sich eine Urlaubsreise leisten konnten, die Weimarer Republik mehrheitlich ablehnten."[27] Das ist eine wich-

---

[25] Wolfgang Reif (Hg.), Land im silbernen Licht. Fischland/Darß/Zingst. Lesebuch Bd. 1. Edition fischerhuder kunstbuch, 2013, S. 230 ff.

[26] Frank Bajohr, a.a.O. 99

[27] Frank Bajohr, a.a.O. 104

tige Beobachtung, denn der antidemokratische und antirepublikanische Zug, der den Nationalsozialisten später zur Macht verhelfen wird, wird hier bereits erkennbar.
Über die Gründe für den Widerstand zahlreicher Bäderverwaltungen, die Reichsfarben zu zeigen, schreibt der Landrat des Kreises Franzburg-Barth **1931**: „Die Mehrzahl der Badegäste ist reaktionär eingestellt, und die Gemeindeverwaltungen *wollen es sich nicht mit diesen Leuten verderben*, besonders da die Mehrzahl der Gemeindevertreter ebenfalls rechts eingestellt ist."[28]

Selbst am Verfassungstag (11. August **1928**) wurden die Reichsfarben nicht gezeigt. In **Prerow** spielte eine Marinekapelle bei der Verfassungsfeier das Lied „Stolz weht die Fahne Schwarz-weiß-rot." Eine schwarz-rot-goldene Fahne war gar nicht erst gehisst worden, wobei der Gemeindevorsteher von Prerow zur Begründung angab, dass seine neue Fahnenstange „an diesem Tag noch nicht fertig gewesen" sei[29].
In **Prerow** allerdings hatte *schon seit **1927/28** die Hakenkreuzfahne* die Fahnen des Kaiserreiches und die der Republik verdrängt. Prerow warb 1928/29 öffentlich mit dem „anerkannt national-sozialistischen Charakter" des Bades. Selbst die Sandburgen waren mit Haken-

---

28 Schreiben des Landrates Franzburg-Barth an den Regierungspräsidenten in Stralsund vom 29. 7. 1931; zitiert nach Frank Bajohr, a.a.O. S. 105

29 Vgl. Frank Bajohr, a.a.O. 106

kreuzflaggen gespickt, und manche Badegäste pflegten sich mit Heil-Rufen „nach italienischem Muster“ zu begrüßen, wie eine Zeitung **1930** kritisch bemerkte.“[30]

Die Rolle der Vereine in Kaiserzeit und Weimarer Republik

Man wird die Zeit des Nationalsozialismus nicht verstehen ohne ein gewisses Grundverständnis für die Rolle der zahlreichen Vereine - insbesondere in ländlichen Regionen wie dem Darß. Ohne den Verein funktionierte praktisch nichts im Dorf. Besonders einflussreich waren die Krieger-Vereine, denn beinahe jede Familie hatten einen Mann im Ersten Weltkrieg verloren: den Vater, den Bruder, den Cousin oder den Schwager. Die etwa 29.000 lokalen **Kriegervereine** im Deutschen Reich pflegten neben einer intensiven Kameradschaft und der Fürsorge für Kriegsversehrte den Mythos des Frontkämpfertums. Zumeist waren sie die Initiatoren für den Bau von *Kriegerdenkmalen*, die nach 1918 in nahezu jeder deutschen Gemeinde zu finden waren und deren größtes das Tannenberg-Denkmal in Ostpreußen war. Dem kollektiven Gedenken an die Kriegserlebnisse dienten auch die ab 1925 alle zwei Jahre stattfindenden Reichskriegertage, an denen sich neben Kriegervereinen Wehrverbände wie der Stahlhelm beteiligten.

---

[30] Frank Bajohr, a.a.O. 106

1932 rief der Kyffhäuserbund seine ca. zwei Millionen Mitglieder auf, ihre Stimme bei der bevorstehenden Reichspräsidentenwahl seinem seit 1919 amtierenden Ehrenpräsidenten Paul von Hindenburg zu geben. Für seinen Gegenkandidaten, den ehemaligen Frontsoldaten Adolf Hitler, eine allzu schmerzliche Erfahrung. Vier Jahre nach der Machtübernahme der NSDAP verfügte er 1937 die Umbenennung des traditionsbewußten Kyffhäuserbunds in "NS-Reichskriegerbund", der 1943 aufgelöst wurde.

Neben den Kriegervereinen waren auf dem Darß die Fischer- und Jägervereine bedeutsam; selbstverständlich war die Kirchgemeinde für die Meinungsbildung in den Dörfern des Darß maßgeblich. Auch zahlreiche Vereine, in denen sich Frauen organisierten (Vaterländischer Frauenverein beim Roten Kreuz etc.) bestimmten das Dorfleben.
Der Gemeindekirchenrat ist besonders wichtig in jenen Jahren, weil in diesem Gremium „die Fäden zusammenlaufen“: hier sitzt der Hauptlehrer neben dem Kapitän a.D., der Kantor neben dem Dorfschulzen. Der Gemeindekirchenrat jener Jahre „zieht die Strippen“.

1932 setzt sich der GKR Prerow wie folgt zusammen:

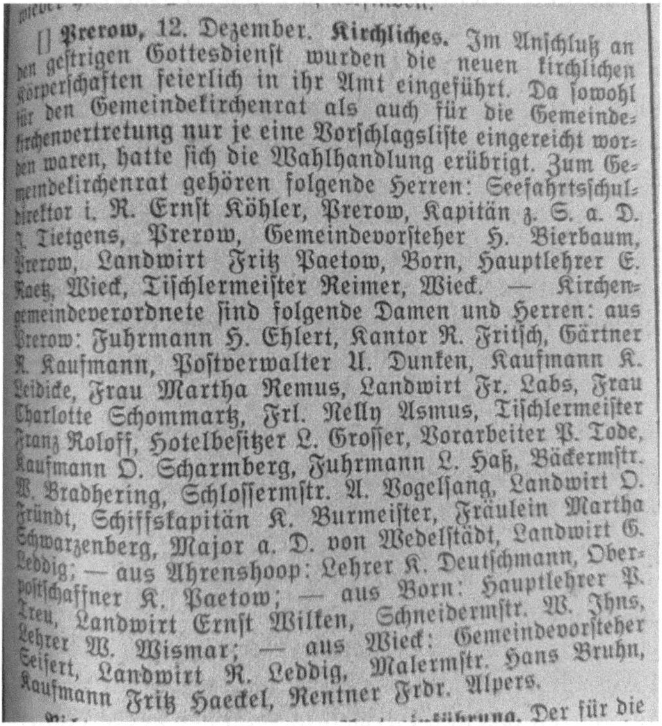

[] Prerow, 12. Dezember. Kirchliches. Im Anschluß an den gestrigen Gottesdienst wurden die neuen kirchlichen Körperschaften feierlich in ihr Amt eingeführt. Da sowohl für den Gemeindekirchenrat als auch für die Gemeindekirchenvertretung nur je eine Vorschlagsliste eingereicht worden waren, hatte sich die Wahlhandlung erübrigt. Zum Gemeindekirchenrat gehören folgende Herren: Seefahrtsschuldirektor i. R. Ernst Köhler, Prerow, Kapitän z. S. a. D. Tietgens, Prerow, Gemeindevorsteher H. Bierbaum, Prerow, Landwirt Fritz Paetow, Born, Hauptlehrer E. Raetz, Wieck, Tischlermeister Reimer, Wieck. — Kirchengemeindeverordnete sind folgende Damen und Herren: aus Prerow: Fuhrmann H. Ehlert, Kantor R. Fritsch, Gärtner R. Kaufmann, Postverwalter U. Dunken, Kaufmann K. Leidicke, Frau Martha Remus, Landwirt Fr. Labs, Frau Charlotte Schommartz, Frl. Nelly Asmus, Tischlermeister Franz Roloff, Hotelbesitzer L. Grosser, Vorarbeiter P. Tode, Kaufmann O. Scharmberg, Fuhrmann L. Haß, Bäckermstr. W. Bradhering, Schlossermstr. A. Vogelsang, Landwirt O. Fründt, Schiffskapitän K. Burmeister, Fräulein Martha Schwarzenberg, Major a. D. von Wedelstädt, Landwirt G. Leddig; — aus Ahrenshoop: Lehrer K. Deutschmann, Oberpostschaffner K. Paetow; — aus Born: Hauptlehrer P. Treu, Landwirt Ernst Wilken, Schneidermstr. W. Ihns, Lehrer W. Wismar; — aus Wieck: Gemeindevorsteher Seifert, Landwirt R. Leddig, Malermstr. Hans Bruhn, Kaufmann Fritz Haeckel, Rentner Frdr. Alpers.

Der Gemeindekirchenrat des Kirchspiels Prerow 1932
Quelle: Barther Zeitung 12. Dezember 1932; Stadtarchiv Barth

Diese Strukturen im sozialen Leben der Ortschaften auf dem Darß im Landkreis Franzburg-Barth zwischen Kaiserzeit und Weimarer Republik werden nach der Machtübernahme durch die Nationalsozialisten wichtige Multiplikatoren nationalsozialistischen Gedankengutes werden, wie noch zu zeigen sein wird. Die Vereine werden zwar „gleichgeschaltet“, aber ihre eigentliche

Funktion, nämlich die enge Kommunikation zwischen Nachbar und Nachbar sicherzustellen, behalten die Vereine auch in der NS-Zeit.
Im Verein wird – oft erst nach offiziellem Sitzungsschluss – miteinander geredet. Hier erfährt man, „was los ist im Dorf", hier bildet man sich eine Meinung. Hier beschließt man sogar den „gemeinsamen Kirchgang". Für unseren Zusammenhang ist der Hinweis auf die Rolle der Vereine wichtig, weil beispielsweise die Anregung für den Bau einer Gefallenen-Gedächtnis-Kapelle in Born schon im Jahre 1925 vom dortigen *Kriegerverein* vorgebracht wurde, wie das folgende Dokument zeigt. Der Umstand, dass der Vorschlag zum Bau der Kirche vom *Kriegerverein* stammt, hat schließlich sogar Auswirkungen auf die Gestaltung des Kirchleins gehabt:

Barther Zeitung, 28. Januar 1925:
„Gefallenen-Gedächtnis-Kapelle.
Es hat sich nach vorbereitenden Besprechungen hier ein Ausschuß gebildet, der die Vorbereitung für den Bau einer Gefallenen Gedächtnis-Kapelle in die Hand genommen hat. Dem Ausschuß gehören an die Herren Gemeindevorsteher Schmidt als Vorsitzender, Förster Werner als Kassierer, Pastor Thom als Schriftführer, ferner die Herren Biederstedt, Garlepow, Harder, Himer, Kolz, Kosten, Lange, Schulz, Treu, Zechow. Der Ausschuß ist sich einig darin, daß man in Born daran gehen muß, endlich einen würdigen gottesdienstl. Raum zu schaffen. Auch soll der Bau der Ehrung der Gefallenen gewidmet sein, alles durch den Namen und einen entsprechenden Altarausbau zum Ausdruck gebracht werden soll. ……

Der Ausschuß setzt das Vertrauen in die Borner Einwohnerschaft, daß sie ihn hier, wo etwas zu Nutz und Segen dieses und folgender Geschlechter geschaffen werden soll und zugleich ein einzigartiges Ehrenmal für die unvergeßlichen Helden des großen Krieges, nicht im Stich lassen wird."

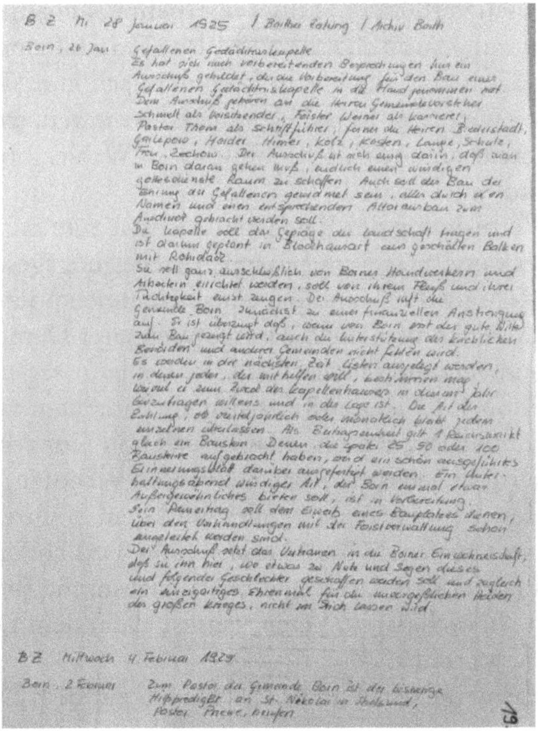

B Z Nr. 28 Januar 1925 / Barther Zeitung / Archiv Barth

Born, 26. Jan. Gefallenen Gedächtniskapelle
Es hat sich nach vorbereitenden Besprechungen hier ein Ausschuß gebildet, der die Vorbereitung für den Bau einer Gefallenen Gedächtniskapelle in die Hand genommen hat. Dem Ausschuß gehören an die Herren Gemeindevorsteher Schmidt als Vorsitzender, Förster Werner als Kassierer, Pastor Thom als Schriftführer, ferner die Herren Biederstadt, Gallepow, Haider, Himer, Kolz, Kasten, Lange, Schulz, Frau Zechow. Der Ausschuß ist sich einig darin, daß man in Born daran gehen muß, endlich einen würdigen gottesdienstlichen Raum zu schaffen. Auch soll der Bau der Ehrung der Gefallenen gewidmet sein, allen durch deren Namen und einen entsprechenden Altaraufbau zum Ausdruck gebracht werden soll.
Die Kapelle soll das Gepräge der Landschaft tragen und ist darum geplant in Blockhausart aus geschälten Balken mit Rohrdach.
Sie soll ganz ausschließlich von Borner Handwerkern und Arbeitern errichtet werden, soll von ihrem Fleiß und ihrer Tüchtigkeit ewig zeugen. Der Ausschuß ruft die Gemeinde Born zunächst zu einer finanziellen Anstrengung auf. Er ist überzeugt daß, wenn von Born erst der gute Wille zum Bau gezeigt wird, auch die Unterstützung der kirchlichen Behörden und anderer Gemeinden nicht fehlen wird.
Es werden in der nächsten Zeit Listen ausgelegt werden, in denen jeder, der mithelfen will, bestimmen mag, wieviel er zum Zweck des Kapellenbaues in diesem Jahr beizutragen willens und in der Lage ist. Die Art der Zahlung, ob vierteljährlich oder monatlich bleibt jedem einzelnen überlassen. Als Beitragseinheit gilt 1 Reichsmark gleich ein Baustein. Denen die später 25, 50 oder 100 Bausteine aufgebracht haben, wird ein schön ausgeführtes Erinnerungsblatt darüber ausgefertigt werden. Ein Unterhaltungsabend würdiger Art, der Born einmal etwas Außergewöhnliches bieten soll, ist in Vorbereitung.
Sein Reinertrag soll dem Erwerb eines Bauplatzes dienen, über den Verhandlungen mit der Forstverwaltung schon eingeleitet worden sind.
Der Ausschuß setzt das Vertrauen in die Borner Einwohnerschaft, daß sie ihn hier, wo etwas zu Nutz und Segen dieses und folgender Geschlechter geschaffen werden soll und zugleich ein einzigartiges Ehrenmal für die unvergeßlichen Helden des großen Krieges, nicht im Stich lassen wird.

B Z Mittwoch 4. Februar 1925

Born, 2. Februar Zum Pastor der Gemeinde Born ist der bisherige Hilfsprediger an St. Nikolai in Stralsund, Pastor Preuß, berufen

19.

Quelle: Barther Zeitung 28.1.1925; Gründung eines Ausschusses zum Bau einer „Gefallenen-Gedächtnis-Kapelle" in Born. Ortsarchiv Born

Der Darß unter dem Hakenkreuz (1933 – 1945)

Am 30. Januar 1933 wurde Adolf Hitler vom Reichspräsidenten Paul von Hindenburg zum Reichskanzler ernannt. Deutsch-Nationale und Nationalsozialisten hatten sich verbündet. Hitler übernahm eine Koalitionsregierung aus NSDAP, DNVP und Stahlhelm, jenen Kräften also, die uns in Pommern schon in der Zeit der Weimarer Republik aufgefallen waren, weil sie dort bereits zu überdurchschnittlichen Wahlergebnissen gekommen waren.

Die „Verordnung des Reichspräsidenten zum Schutz von Volk und Staat" und das „Ermächtigungsgesetz" vom 24. März 1933 sind die entscheidenden politischen Maßnahmen, die die junge Weimarer Demokratie beendeten und die faschistische Diktatur errichteten. Schon 1933 ist der Reichstag als Parlament faktisch entmachtet, Parlamentarier sitzen in Konzentrationslagern; unliebsame Parteien werden verboten, die Länder werden aufgelöst – alles wird dem „Führerprinzip" unterworfen. Schon Anfang 1934 wird Hitler in einer Rede erklären, die „nationalsozialistische Revolution ist abgeschlossen." Der Staat ist allein dem Diktator unterworfen.

Alles das wirkt selbstverständlich auch auf dem Darß.

In Born beispielsweise findet am **21. März 1933** die im ganzen Reich staatlich angeordnete „Heldengedenkfeier“ statt. Die Zeitung berichtet ausführlich darüber. Damit man ein Gefühl dafür bekommt, wie das in so einem kleinen Darßer Dörfchen abgelaufen ist, wird der Bericht hier abgedruckt:

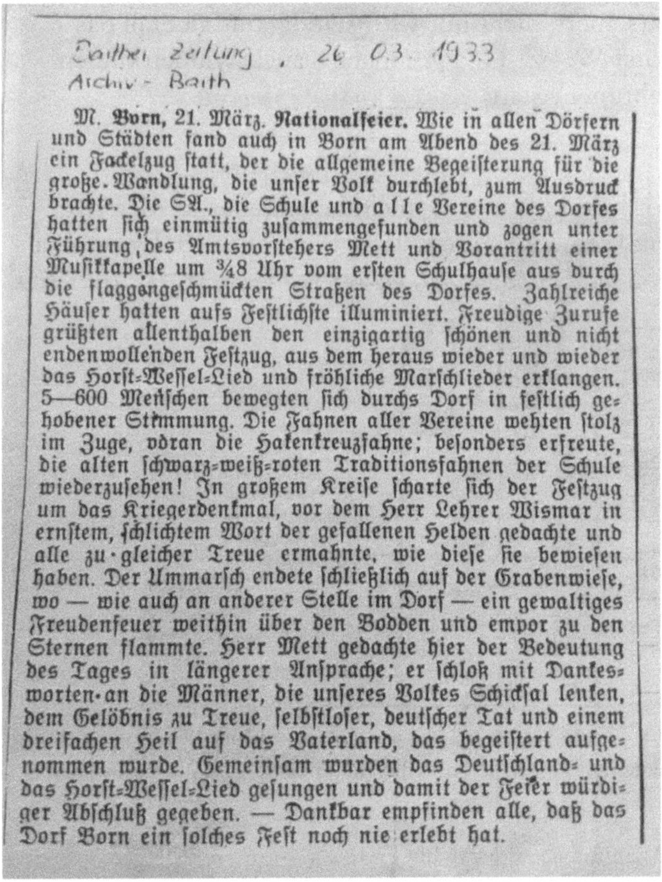

Barther Zeitung, 26.03.1933
Archiv - Barth

M. **Born**, 21. März. **Nationalfeier.** Wie in allen Dörfern und Städten fand auch in Born am Abend des 21. März ein Fackelzug statt, der die allgemeine Begeisterung für die große Wandlung, die unser Volk durchlebt, zum Ausdruck brachte. Die SA., die Schule und alle Vereine des Dorfes hatten sich einmütig zusammengefunden und zogen unter Führung des Amtsvorstehers Mett und Vorantritt einer Musikkapelle um ¾8 Uhr vom ersten Schulhause aus durch die flaggengeschmückten Straßen des Dorfes. Zahlreiche Häuser hatten aufs Festlichste illuminiert. Freudige Zurufe grüßten allenthalben den einzigartig schönen und nicht endenwollenden Festzug, aus dem heraus wieder und wieder das Horst-Wessel-Lied und fröhliche Marschlieder erklangen. 5—600 Menschen bewegten sich durchs Dorf in festlich gehobener Stimmung. Die Fahnen aller Vereine wehten stolz im Zuge, voran die Hakenkreuzfahne; besonders erfreute, die alten schwarz-weiß-roten Traditionsfahnen der Schule wiederzusehen! In großem Kreise scharte sich der Festzug um das Kriegerdenkmal, vor dem Herr Lehrer Wismar in ernstem, schlichtem Wort der gefallenen Helden gedachte und alle zu gleicher Treue ermahnte, wie diese sie bewiesen haben. Der Ummarsch endete schließlich auf der Grabenwiese, wo — wie auch an anderer Stelle im Dorf — ein gewaltiges Freudenfeuer weithin über den Bodden und empor zu den Sternen flammte. Herr Mett gedachte hier der Bedeutung des Tages in längerer Ansprache; er schloß mit Dankesworten an die Männer, die unseres Volkes Schicksal lenken, dem Gelöbnis zu Treue, selbstloser, deutscher Tat und einem dreifachen Heil auf das Vaterland, das begeistert aufgenommen wurde. Gemeinsam wurden das Deutschland- und das Horst-Wessel-Lied gesungen und damit der Feier würdiger Abschluß gegeben. — Dankbar empfinden alle, daß das Dorf Born ein solches Fest noch nie erlebt hat.

Pastor Pleß berichtet, er habe „um den ersten Mai[31] herum“ im Jahre 1934 „drei Hitler-Eichen“ weihen müssen. „Eine in Prerow, eine in Born und eine in Wieck.“[32]

Es wehen nicht nur überall die Fahnen „allen voran die Hakenkreuzfahne“, nicht nur wird ständig irgendwo marschiert, nicht nur wird ständig und überall das Horst-Wessel-Lied gesungen - auch Wahlen finden nicht mehr statt:

Dorfschulzen und Gemeindevorsteher werden nach dem Gemeindeverfassungsgesetz vom 15. Dezember 1933 *nicht mehr gewählt, sondern von der NSDAP* ***berufen***:

---

[31] Der Erste Mai ist im Nationalsozialismus einer der wichtigsten staatlichen Feiertage und wird mit enormem propagandistischem Aufwand inszeniert.

[32] Memorabilia, Pfarrarchiv Prerow

Aus dem Amtsblatt d. Kreises Franzburg-Barth

Berufungen.

Auf Grund der Bestimmungen des Gemeindeverfassungs-
gesetzes vom 15. Dezember 1933 (G.S. S. 427) habe ich
auf Vorschlag der Kreisleitung der Nationalsozialistischen
Deutschen Arbeiterpartei in folgenden Gemeinden des
Kreises Franzburg-Barth die nachgenannten Personen zu
Gemeindeschulzen, Schöffen und Gemeindeältesten berufen:

Stadt Barth. Ratsherren: Hans Bick, Friedhofsgärt-
ner. Bernhard Wollbrecht, Elektromonteur. Willi
Roggmann, Bauer. Erich Horst, Bauer. Albert
Wiedbusch, Monteur. Bernhard Witt, Fischer,
Friedrich Ruthenbeck, Kaufmann. Walter Goltz,
Obergerichtsvollzieher, Dr. Werner Partenscky, Rechts-
anwalt. Otto Brusch, Chauffeur.

Stadt Richtenberg. Ratsherren: Otto Ballhorn, Stra-
ßenmeister. Wilhelm Mönnich, Gasmeister. August Thiele,
Kaufmann. Robert Henk, Bauunternehmer, Erich Spitzen-
berg, Friseurmeister. August Kammin, Arbeiter. Hermann
Dreyer, Bauer. Otto Schwanbeck, Friseurmeister.

Stadt Damgarten. Ratsherren: Dr. Otto Graf, Tier-
arzt. Hans Tarnow, Sturmführer. Hermann Bergholz,
Postmstr. Erwin Dähmlow, Arbeiter. Fritz Schlüter, Kauf-
mann. Hermann Schröder, Postsekretär. Carl Benz, Gast-
wirt.

Gemeinde Zingst. Gemeindeschulze: Johannes Chardon,
Bankbeamter. Erster Schöffe: Hans Godendorff jun., Amts-
vorsteher. Schöffen: Franz Hoffmann, Friseurmeister. Max
Hartfiel, Postschaffner i. R. Gemeindeälteste: Kurt Kerlen,
Schriftsteller, Wilhelm Rieck, Gend.-Oberwachtmstr. i. R.
Hans Köpke jun., Bauer. Willi Zornow, Schlosser. Herm.
Bussert, Fischer. Hermann Roloff, Bäckermstr. Paul Hilbig,
Dekorationsmaler. Bruno Tornow, Schneidermeister.

Gemeinde Bruchten. Gemeindeschulze: Simon Nehls,
Bauer. Erster Schöffe: Robert Richter, Bäckermstr. Schöffe:
Günther Nebelung, Krs.Versich.-Assistent. Gemeindeälte:
Robert Richter, Bäckermstr. Günther Nebelung, Krs. Vers.-
Assistent. Emil Moritz, Fischer. August Fritz, Schlachtermstr.

Gemeinde Fuhlendorf. Gemeindeschulze: Karl Groth,
Forstarbeiter. Erster Schöffe: Wilhelm Behm, Forstarbeiter.
Schöffe: Karl Burmeister, Arbeiter. Gemeindeälteste: Paul
Harloff, Bahnarbeiter. Max Volkmann, Lehrer, Maximi-
lian Werner, Pr. Revierförster. Wilh. Wiese, Bauer.

Barther Zeitung 3. 12. 1934; Stadtarchiv Barth

Gemeinde Michaelsdorf. Gemeindeschulze: Gustav Müller, Schuhmacher. Erster Schöffe: Heinrich Borgwardt, Büdner. Schöffe: Willy Westphal, Bauer. Gemeindeälteste: Otto Ortmann, Bauer. Heinrich Harder, Arbeiter. Paul Gottschalk, Büdner. Willy Westphal, Bauer.

Gemeinde Kenz. Gemeindeschulze: Karl Fricker, Bauer. Erster Schöffe: Fritz Graf, Bauer. Schöffe: Joseph Cerveny, Leitungsinspektor. Gemeindeälteste: Erich Jakob, Kontrollbeamter. Willi Drichel, Kaufmann, Ludwig Badendick, Arbeiter. Hermann Neuhaus, Bauer.

Gemeinde Velgast. Gemeindeschulze: Wilhelm Kuse, Bauer. Erster Schöffe: Johannes Burwitz, Lehrer. Hans Garling, Lehrer. August Wessel, Bauer. Wilhelm Schmoock, Bauer.

Gemeinde Saal. Gemeindeschulze: Hans Haß, Bauer. Erster Schöffe: Fritz Moritz, Musiker. Schöffe: Richard Dornquast, Müller- und Bäckermeister. Gemeindeälteste: Hans Krentzien, Bauer. Paul Zapnick, Büdner. Emil Melahn, Schlachtermstr. Hans Matthies, Landwirt. Hans Wenzel, Gärtner. Richard Schuldt, Arbeiter.

Barth, den 27. November 1934.

Der komm. Landrat des Kreises Franzburg-Barth.

(Die Veröffentlichung der Berufungen der weiteren Gemeinden des Kreises erfolgt in der morgigen Nummer.)

Barther Zeitung 1934, Stadtarchiv Barth

Man kann gesichert davon ausgehen, dass unter den Bedingungen der nationalsozialistischen Diktatur ab 1934 Gemeindevorsteher oder Gemeindevertreter nur sein konnte, wer der örtlichen NSDAP „genehm" war. Abweichende politische Ansichten wurden in kommunalen Gremien nicht mehr geduldet. In den allermeisten Fällen waren die Spitzen der kommunalen Körperschaften ohnehin Mitglied in der NSDAP, in vielen Fällen auch von SA und SS. Wer „etwas werden" oder wer zumindest „keine Schwierigkeiten haben" wollte, wurde Mitglied in der Partei, wurde vom „Volksgenossen" zum „Parteigenossen" und trat natürlich auch in die anderen „Organisationen" wie SA, SS, NS-Frauenschaft, BDM oder HJ ein.

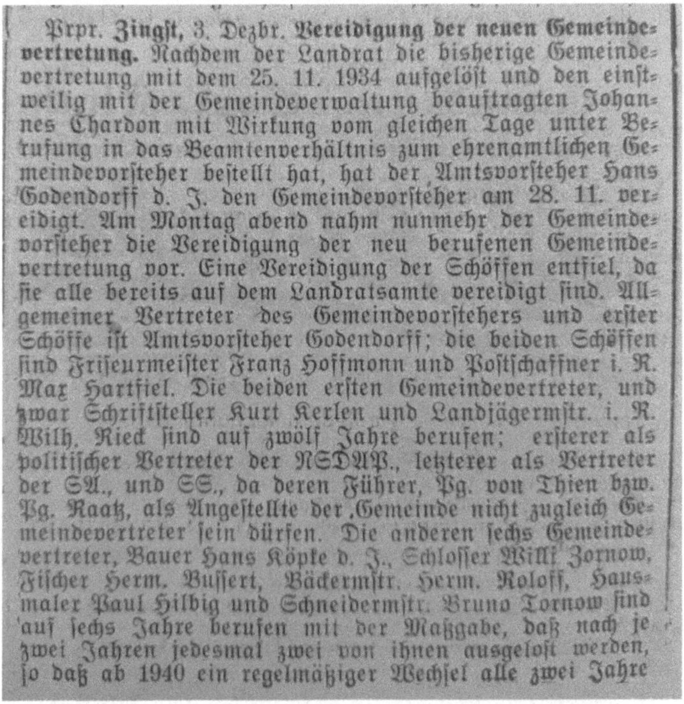

Prpr. Zingst, 3. Dezbr. Vereidigung der neuen Gemeindevertretung. Nachdem der Landrat die bisherige Gemeindevertretung mit dem 25. 11. 1934 aufgelöst und den einstweilig mit der Gemeindeverwaltung beauftragten Johannes Chardon mit Wirkung vom gleichen Tage unter Berufung in das Beamtenverhältnis zum ehrenamtlichen Gemeindevorsteher bestellt hat, hat der Amtsvorsteher Hans Godendorff d. J. den Gemeindevorsteher am 28. 11. vereidigt. Am Montag abend nahm nunmehr der Gemeindevorsteher die Vereidigung der neu berufenen Gemeindevertretung vor. Eine Vereidigung der Schöffen entfiel, da sie alle bereits auf dem Landratsamte vereidigt sind. Allgemeiner Vertreter des Gemeindevorstehers und erster Schöffe ist Amtsvorsteher Godendorff; die beiden Schöffen sind Friseurmeister Franz Hoffmonn und Postschaffner i. R. Max Hartfiel. Die beiden ersten Gemeindevertreter, und zwar Schriftsteller Kurt Kerlen und Landjägermstr. i. R. Wilh. Ried sind auf zwölf Jahre berufen; ersterer als politischer Vertreter der NSDAP., letzterer als Vertreter der SA., und SS., da deren Führer, Pg. von Thien bzw. Pg. Raatz, als Angestellte der Gemeinde nicht zugleich Gemeindevertreter sein dürfen. Die anderen sechs Gemeindevertreter, Bauer Hans Köpke d. J., Schlosser Willi Zornow, Fischer Herm. Bussert, Bäckermstr. Herm. Roloff, Hausmaler Paul Hilbig und Schneidermstr. Bruno Tornow sind auf sechs Jahre berufen mit der Maßgabe, daß nach je zwei Jahren jedesmal zwei von ihnen ausgelost werden, so daß ab 1940 ein regelmäßiger Wechsel alle zwei Jahre

Barther Zeitung 3. Dezember 1934; Stadtarchiv Barth. Man erkennt an dieser Zeitungsmeldung auch sehr klar den politischen Einfluss der NSDAP und ihrer Umfeldorganisationen auf die **kommunalen** Körperschaften.

Die noch aus der Weimarer Republik vertrauten Vereine treffen sich weiterhin in den Dörfern des Darß – allerdings mit neuen „Themen“, wie diese Meldung aus der Barther Zeitung vom 3. Dezember **1934** belegt:

[] **Prerow,** 3. Dezbr. **Kriegerappell.** Der hiesige Kriegerverein vom Kyffhäuserbd. hielt seinen Monatsappell gestern im „Deutschen Haus“ ab. Der Kam. Vereinsführer gab vor Eintritt in die Verhandlungen die neuesten Führeranordnungen bekannt. Dann gedachte er der großen Ereignisse in den Dezembertagen des großen Krieges. Zur Beratung stand die Feier des Stiftungsfestes. Es wurde beschlossen, dasselbe am Sonntag, dem 21. Januar in gewohnter Weise durch Theater- und sonstige Aufführungen mit nachfolgendem Ball in Mührckes Hotel zu feiern. Die Beschaffung der Musik wurde dem Kameraden Fabritz übertragen mit dem Wunsch, ein Quartett zu stellen, das nicht nur Tanzmusik liefert, sondern auch die Pausen dur Konzertvorträge ausfüllt. Die Generalprobe soll am Freitag vorher öffentlich stattfinden, zu der die Kinder der Kameraden freien Zutritt haben. Der ordentliche Generalappell wurde auf den 6. Jan. festgesetzt. Zum Schluß verlas Kam. Vereinsführer einen Werbebericht über die Bedeutung des Fechtwesens und einen Artikel der Bundeszeitung über das Thema „Deutsche an beiden Fronten“. Mit dreifachem Siegheil auf Vaterland und Führer fand der geschäftliche Teil des Appells seinen Abschluß. Es folgte dann noch ein kameradschaftlich-gemütlicher Teil.

C. **Steinhagen,** 3. Dez. **Deutscher Abend.** Die Ortsgr. Steinhagen der NS.-Frauenschaft veranstaltete am Sonnabend, 1. Dezbr., einen „Deutschen Abend“ im Gasthof Tafel. Die Feier wurde durch Musikstücke der SA.-Kapelle Vollmann eingeleitet. Die Leiterin, Frau Erna Calwin, Richtenberg, wies in ihrer Rede auf den Zweck des Abends hin und gelobte weiterhin unverbrüchliche Treue dem

In diesem hier skizzierten gesellschaftspolitischen Umfeld des Jahres 1934 greift Pastor Dr. Wilhelm Pleß[33] in **Prerow** eine alte Idee des Kriegervereins Born aus dem Jahre 1925 wieder auf und macht sich mit Hilfe des Architekten Hopp, der in Born wohnt und aus Hamburg stammt, daran, den schon 1925 als „Gefallenen-Gedächtnis-Kapelle" vorgeschlagenen Bau einer kleinen Kirche in Angriff zu nehmen. Er notiert dazu in seinen
„Memorabilien":

„In Born war der Gottesdienst in der Schule, die sehr schlechte Bänke hatte. In der Zeit nach dem Umbruch stellte sich heraus, daß sie auch als gottesdienstlicher Raum oft zu klein war. Auch in Born sammelten sich jetzt viele um das Wort des Herrn und wollten wieder Christen werden. Das ermutigte uns, den Kirchbau in Born in Angriff zu nehmen. Es läßt sich kaum sagen, unter welchen Schwierigkeiten das geschah. Wohl waren manche da, die in Born eine Kirche wollten und dafür stifteten, die Liste findet sich im Gemeindeblatt im September 1935 und ist dort nachzulesen. Wir ließen nicht locker. Der Bischof **Thom** und Vertreter des Konsistoriums waren hier gewesen am 15. April 1934 und sagten eine Summe von 2500 RM aus der Provinzialkirche zu. Weitere Unterstützungen sind uns gegeben worden, 2500 RM von dem Herrn Minister für Wissenschaft, Erziehung und Volksbildung, 2000 RM schließlich auch nach langen Verhandlungen von der evangelischen Kirche der altpreußischen Union/

[33] Dr. Pleß ist von 1931 bis 1961 Pastor in Prerow. Zum Kirchspiel gehören Prerow, Born, Wieck, Bliesenrade und Ahrenshoop.

Oberkirchenrat bzw. deutsch-evangelischen Kirchenkanzlei. Ein Baufonds mit ein paar hundert Mark (aufgewerteter Betrag) war entstanden. Die Gemeinde mußte also noch 5000 RM aufbringen, da die Kapelle von den Architekten **Hopp** und **Jäger** in Hamburg mit 12500 RM veranschlagt worden war. Es wurde beschlossen, ein Darlehn um 2500 RM aufzunehmen, das gab das Kloster St. .... in Barth unter der Bedingung, daß es in 5 Jahren abzutragen sei. So blieben noch 9500 RM durch Sammlungen aufzubringen. *Da die Stimmung sich inzwischen zum Schlechteren in Kirchengleichgültigkeit, ja z.T. Feindschaft verwandelt hatte, wußten wir, daß es schwer werden würde, das aufzubringen.* Als eine Rettung erschien es daher, daß der Forstmeister[34] in Born freundlicherweise sich erbot, uns Holz aus der Forst zu verkaufen, das wir gegen fertige Ware an den Händler liefern konnten, Seetz in Barth. Auf diese Weise konnten wir eine erhebliche Summe einsparen"[35].

Am Reichs-Erntedanktag 1934 findet die *Grundsteinlegung* statt. Der Reichs-Erntedank-Tag ist ein gewaltig inszenierter Festtag im Nationalsozialismus. Er wird am Bückeberg mit Hundertausenden Teilnehmern gefeiert und via Rundfunk in alle Orte Deutschlands übertragen, auch ins kleine Dörfchen Born a. Darß, wie man lesen kann.
Die Barther Zeitung notiert am 5. Oktober 1934 über

---

[34] Forstmeister **Franz Mueller-Darß**, seit 1933 Mitglied der NSDAP, später hochrangiger SS-Mann; von ihm wird in der Studie noch oft zu sprechen sein

[35] Memorabilia, Pfarramtsarchiv Prerow

die Grundsteinlegung zum Bau der Kirche in Born folgendes:

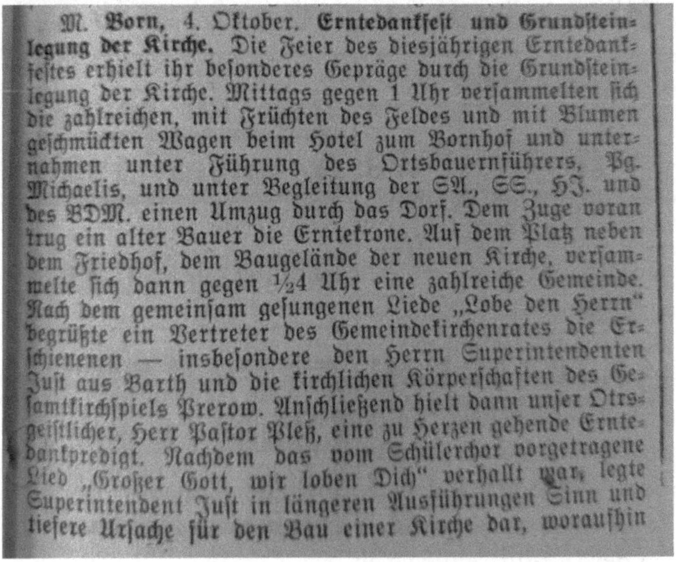

M. **Born**, 4. Oktober. **Erntedankfest und Grundsteinlegung der Kirche.** Die Feier des diesjährigen Erntedankfestes erhielt ihr besonderes Gepräge durch die Grundsteinlegung der Kirche. Mittags gegen 1 Uhr versammelten sich die zahlreichen, mit Früchten des Feldes und mit Blumen geschmückten Wagen beim Hotel zum Bornhof und unternahmen unter Führung des Ortsbauernführers, Pg. Michaelis, und unter Begleitung der SA., SS., HJ. und des BDM. einen Umzug durch das Dorf. Dem Zuge voran trug ein alter Bauer die Erntekrone. Auf dem Platz neben dem Friedhof, dem Baugelände der neuen Kirche, versammelte sich dann gegen ½4 Uhr eine zahlreiche Gemeinde. Nach dem gemeinsam gesungenen Liede „Lobe den Herrn" begrüßte ein Vertreter des Gemeindekirchenrates die Erschienenen — insbesondere den Herrn Superintendenten Just aus Barth und die kirchlichen Körperschaften des Gesamtkirchspiels Prerow. Anschließend hielt dann unser Otrsgeistlicher, Herr Pastor Pleß, eine zu Herzen gehende Erntedankpredigt. Nachdem das vom Schülerchor vorgetragene Lied „Großer Gott, wir loben Dich" verhallt war, legte Superintendent Just in längeren Ausführungen Sinn und tiefere Ursache für den Bau einer Kirche dar, woraufhin

Ortsbauernführer Parteigenosse Michaelis vorneweg, dann SA, SS, Hitlerjugend und BDM. Der Umzug durchs Dorf dauert lange. Man beginnt gegen 1 Uhr und ist erst um halb vier Uhr (!) an der Kirche. Am Ende der Veranstaltung setzt man den großen Marsch fort und zieht wieder zum „Borner Hof".
Dort lauscht man dann noch der Rede des Führers, die per Radio übertragen wird, wie die Zeitung vermeldet:

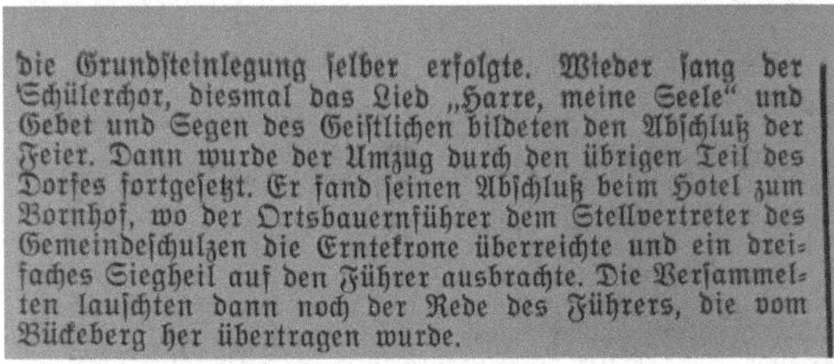
die Grundsteinlegung selber erfolgte. Wieder sang der Schülerchor, diesmal das Lied „Harre, meine Seele" und Gebet und Segen des Geistlichen bildeten den Abschluß der Feier. Dann wurde der Umzug durch den übrigen Teil des Dorfes fortgesetzt. Er fand seinen Abschluß beim Hotel zum Bornhof, wo der Ortsbauernführer dem Stellvertreter des Gemeindeschulzen die Erntekrone überreichte und ein dreifaches Siegheil auf den Führer ausbrachte. Die Versammelten lauschten dann noch der Rede des Führers, die vom Bückeberg her übertragen wurde.

Man erkennt an dieser kleinen Meldung den sehr hohen Organisationsgrad der nationalsozialistischen Gesellschaft bis hinein ins kleinste Dorf:
selbst in Born arbeiten bereits im Oktober **1934** die nationalsozialistischen Organisationen NSDAP, SS, SA, HJ und BDM. Es gibt schon Ende 1934 kaum noch einen Einwohner, der nicht „organisiert" ist.
Pastor Pleß notiert in seinen „Erinnerungen" über den Tag der Grundsteinlegung:
„Am **Erntedanktag 1934**[36] erfolgte die Grundsteinle-

---

36 Das Reichserntedankfest, umgangssprachlich auch „Bückebergfest" genannt, fand auf dem Bückeberg bei Hameln jeweils am ersten Sonntag nach dem Michaelistag (29. September), statt. An den Reichserntedankfesten nahmen zuletzt über eine Million Menschen aus dem ganzen Deutschen Reich teil. Obwohl das Fest für die Bauernschaft konzipiert wurde, waren zur Teilnahme vor allem Beamte und NSDAP-Mitglieder verpflichtet worden. Prominente Teilnehmer waren führende Nationalsozialisten wie Adolf Hitler, Joseph Goebbels und Reichsbauernführer Walter Darré. Im Vorfeld des Reichserntedankfestes fand in Goslar der Reichsbauerntag statt. Neben dem Reichsparteitag in Nürnberg und der Feier zum 1. Mai (Tag der nationalen Arbeit bzw. ab 1934

gung auf dem Platz am Friedhof, der uns nach langen Verhandlungen in der politischen Gemeinde Born auf Fürsprache des Herrn Landrat[37] zur Verfügung gestellt wurde. Auch um den Bauplatz war gestritten worden. Manche wollten die Kirche auf den Platz vor das Schützenhaus legen, andere, darunter der **Forstmeister**[38], an die Schonung an den Bodden, was ja manches für sich hatte. Wir aber entschieden uns für die Nähe des Friedhofs, damit bei Beerdigungen dort die Feiern sein konnten.
Herr Superintendent **Just**[39] vollzog die Grundsteinlegung, der Inhalt der Kapsel, die eingemauert wurde, ist nachzulesen im Gemeindeblatt vom Dezember 1934. Das ganze Dorf war dazu auf den Beinen. Meine Frau hat dazu ein Gedicht gefertigt (Gemeindeblatt Oktober 1934)."

Im Gedicht von Christel Pleß, der Ehefrau des Pastors in Prerow heißt es über diesen Tag:

„Nationaler Feiertag des deutschen Volkes") in Berlin war es die größte Massenveranstaltung der NSDAP.
Selbstverständlich hatte dieses Großereignis Auswirkungen auf die Gestaltung der Feierlichkeiten zur Grundsteinlegung in Born. In Born wurde der Erntedanktag am **4. Oktober 1934** begangen.

37 Landrat ist **Volkmar Hopf**, seit 1933 Mitglied in der NSDAP

38 Gemeint ist Forstmeister Mueller-Darß

39 Just ist klar den „Deutschen Christen" zuzuordnen

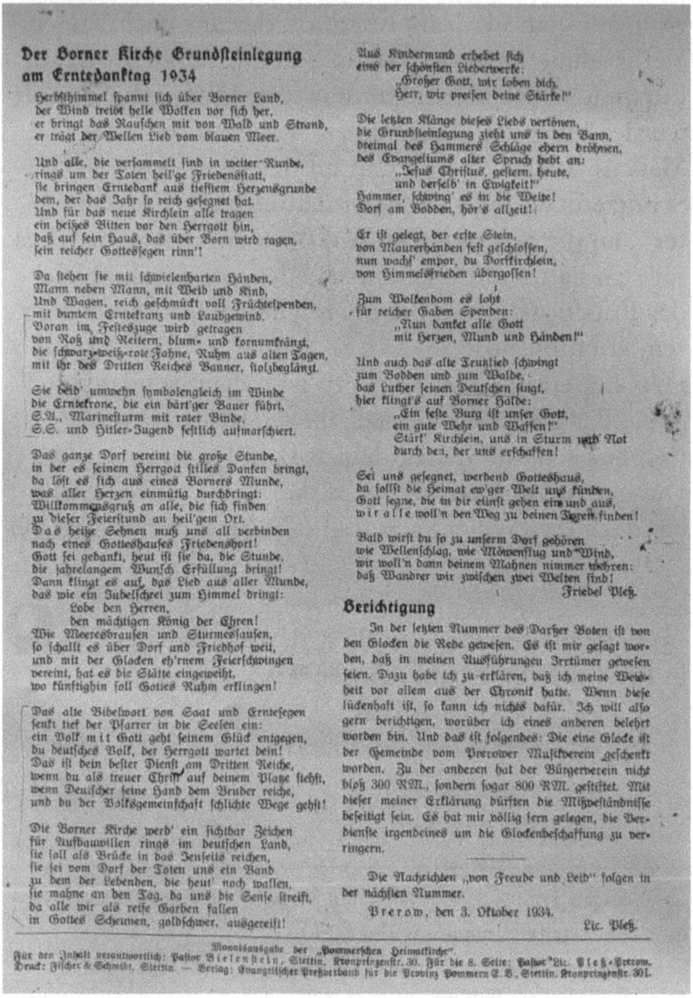

Der Borner Kirche Grundsteinlegung am Erntedanktag 1934

Herbsthimmel spannt sich über Borner Land,
der Wind treibt helle Wolken vor sich her,
er bringt das Rauschen mit von Wald und Strand,
er trägt der Wellen Lied vom blauen Meer.

Und alle, die versammelt sind in weiter Runde,
rings um der Toten heil'ge Friedensstatt,
sie bringen Erntedank aus tiefstem Herzensgrunde
dem, der das Jahr so reich gesegnet hat.
Und für das neue Kirchlein alle tragen
ein heißes Bitten vor den Herrgott hin,
daß auf sein Haus, das über Born wird ragen,
sein reicher Gottessegen rinn'!

Da stehen sie mit schwielenharten Händen,
Mann neben Mann, mit Weib und Kind,
Und Wagen, reich geschmückt voll Früchtespenden,
mit buntem Erntekranz und Laubgewind.
Voran im Festeszuge wird getragen
von Roß und Reitern, blum- und kornumkränzt,
die schwarz-weiß-rote Fahne, Ruhm aus alten Tagen,
mit ihr des Dritten Reiches Banner, stolzbeglänzt.

Sie beid' umwehn symbolengleich im Winde
die Erntekrone, die ein bärt'ger Bauer führt,
S.A., Marinesturm mit roter Binde,
S.S. und Hitler-Jugend festlich aufmarschiert.

Das ganze Dorf vereint die große Stunde,
in der es seinem Herrgott stilles Danken bringt,
da löst es sich aus eines Borners Munde,
was aller Herzen einmütig durchdringt:
Willkommensgruß an alle, die sich finden
zu dieser Feierstund an heil'gem Ort.
D a s heiße Sehnen muß uns all verbinden
nach eines Gotteshauses Friedenshort!
Gott sei gedankt, heut ist sie da, die Stunde,
die jahrelangem Wunsch Erfüllung bringt!
Dann klingt es auf, das Lied aus aller Munde,
das wie ein Jubelschrei zum Himmel dringt:
Lobe den Herren,
den mächtigen König der Ehren!
Wie Meeresbrausen und Sturmessausen,
so schallt es über Dorf und Friedhof weit,
und mit der Glocken eh'rnem Feierschwingen
vereint, hat es die Stätte eingeweiht,
wo künftighin soll Gottes Ruhm erklingen!

Das alte Bibelwort von Saat und Erntesegen
senkt tief der Pfarrer in die Seelen ein:
ein Volk m i t Gott geht seinem Glück entgegen,
du deutsches Volk, der Herrgott wartet dein!
Das ist dein bester Dienst am Dritten Reiche,
wenn du als treuer Christ auf deinem Platze stehst,
wenn Deutscher seine Hand dem Bruder reiche,
und du der Volksgemeinschaft schlichte Wege gehst!

Die Borner Kirche werd' ein sichtbar Zeichen
für Aufbauwillen rings im deutschen Land,
sie soll als Brücke in das Jenseits reichen,
sie sei vom Dorf der Toten uns ein Band
zu dem der Lebenden, die heut' noch wallen,
sie mahne an den Tag, da uns die Sense streift,
da alle wir als reife Garben fallen
in Gottes Scheunen, goldschwer, ausgereift!

Aus Kindermund erhebet sich
eins der schönsten Liederwerke:
„Großer Gott, wir loben dich,
Herr, wir preisen deine Stärke!"

Die letzten Klänge dieses Lieds vertönen,
die Grundsteinlegung zieht uns in den Bann,
dreimal des Hammers Schläge ehern dröhnen,
des Evangeliums alter Spruch hebt an:
„Jesus Christus, gestern, heute,
und derselb' in Ewigkeit!"
Hammer, schwing' es in die Weite!
Dorf am Bodden, hör's allzeit!

Er ist gelegt, der erste Stein,
von Maurerhänden fest geschlossen,
nun wachs' empor, du Dorfkirchlein,
von Himmelsfrieden übergossen!

Zum Wolkendom es loht
für reicher Gaben Spenden:
„Nun danket alle Gott
mit Herzen, Mund und Händen!"

Und auch das alte Trutzlied schwingt
zum Bodden und zum Walde,
das Luther seinen Deutschen singt,
hier klingt's auf Borner Halde:
„Ein feste Burg ist unser Gott,
ein gute Wehr und Waffen!"
Stärk' Kirchlein, uns in Sturm und Not
durch den, der uns erschaffen!

Sei uns gesegnet, werdend Gotteshaus,
du sollst die Heimat ew'ger Welt uns künden,
Gott segne, die in dir einst gehen ein und aus,
w i r a l l e woll'n den Weg zu deinen Toren finden!

Bald wirst du so zu unserm Dorf gehören
wie Wellenschlag, wie Möwenflug und Wind,
wir woll'n dann deinem Mahnen nimmer wehren:
daß Wandrer wir zwischen zwei Welten sind!

Friedel Pleß.

Berichtigung

In der letzten Nummer des Darßer Boten ist von den Glocken die Rede gewesen. Es ist mir gesagt worden, daß in meinen Ausführungen Irrtümer gewesen seien. Dazu habe ich zu erklären, daß ich meine Weisheit vor allem aus der Chronik hatte. Wenn diese lückenhaft ist, so kann ich nichts dafür. Ich will also gern berichtigen, worüber ich eines anderen belehrt worden bin. Und das ist folgendes: Die eine Glocke ist der Gemeinde vom Prerower Musikverein geschenkt worden. Zu der anderen hat der Bürgerverein nicht bloß 300 RM., sondern sogar 800 RM. gestiftet. Mit dieser meiner Erklärung dürften die Mißverständnisse beseitigt sein. Es hat mir völlig fern gelegen, die Verdienste irgendeines um die Glockenbeschaffung zu verringern.

Die Nachrichten „von Freude und Leid" folgen in der nächsten Nummer.

P r e r o w, den 3. Oktober 1934.

Lic. Pleß.

Monatsausgabe der „Pommerschen Heimatkirche".
Für den Inhalt verantwortlich: Pastor B i e l e n s t e i n, Stettin, Kronprinzenstr. 30. Für die 8. Seite: Pastor Lic. P l e ß - Prerow.
Druck: Fischer & Schmidt, Stettin. — Verlag: Evangelischer Preßverband für die Provinz Pommern E. V., Stettin, Kronprinzenstr. 30I.

Quelle: Darßer Bote, 3. 10. 1934; Pfarramtsarchiv Prerow

Auch an diesem Gedicht erkennt man den „Geist der Zeit", der jetzt auch die Frau des Pastors erfasst hatte.

Schwarz-weiß-rote Fahne[40] neben der Hakenkreuzfahne, SS, SA, BDM, Marinebund – alles völlig selbstverständlich. Der „Deutsche“, die „Volksgemeinschaft“, der Bau der Kirche als „Dienst am Dritten Reiche“ – es wird im Text sehr deutlich, wie die Frau Pastor denkt.
Später, in den siebziger Jahren, lange nach dem Kriege, wird von diesem Gedicht eine Fassung im Umlauf sein, in der von SS, SA und dergleichen nicht mehr die Rede ist, ein Versuch ungeschehen zu machen, was geschehen ist.

Kirchlicher Widerstand

Am 7. April 1933 hatte die nationalsozialistische Reichsregierung als eines ihrer ersten Gesetze das Gesetz zur Wiederherstellung des Berufsbeamtentums beschlossen, in dem der sogenannte „Arierparagraph“ eingefügt war. Demnach konnte nur noch Beamter sein, wer „arischer Abstammung“ war. Betroffen waren, Polizeibeamte, Lehrer – und auch Pastoren. Dieser „Arierparagraph“ sollte nach dem Willen der Deutschen Christen auch in die kirchliche Gesetzgebung übernommen werden, wogegen sich wachsender Widerstand organisierte, der im Wesentlichen von Professor **Karl Barth** aus Basel, Pastor **Dietrich Bonhoeffer** und Pastor **Martin Niemöller** aus Berlin-Dahlem angeführt wurde. Der „Pfarrernotbund“ wurde gegrün-

---

[40] Das ist ein wichtiges Detail, denn die kaiserliche Fahne schwarz-weiß-rot galt als „Kampffahne“ der Konservativen gegen den schwarz-rot-goldenen „Judenlappen“ der Weimarer Republik, wie wir weiter vorn bereits gesehen haben.

det, aus dem im Jahr 1934 die „Bekennende Kirche“ hervorging. Die „Bekennende Kirche“ war eine der wenigen Gruppierungen in Deutschland, die dem Nationalsozialismus auch öffentlich von der Kanzel widersprachen.
Gleich nebenan, nur ein paar Kilometer von Born und Prerow entfernt, im kleinen Ort **Zingst**, *traf sich im Zingsthof der beginnende kirchliche Widerstand gegen Hitler.* Hier bildete Dietrich Bonhoeffer bis zum Umzug des Predigerseminars nach Finkenwalde bei Stettin die ersten Theologen der „Bekennenden Kirche“ aus. Hier wurde ein junger Theologe Pastor: **Gerhard Krause**. Er hat später öffentlich gegen den NS gepredigt und wurde wegen „Wehrkraftzersetzung“ in Stralsund inhaftiert. Sowjetische Soldaten befreiten ihn im Mai 1945 aus dem Gefängnis in Stralsund.

Schon in den Anfangsjahren 1933/34 sehen wir auf dem Darß beides:
einerseits einen bis ins kleinste Dorf hinein stark verbreiteten und straff organisierten Nationalsozialismus, der mit NSDAP, HJ, BDM, SA und SS jeden „Volksgenossen“ zu organisieren versuchte – und andererseits gleich daneben winzig kleine widerständige Gruppen wie die der „Bekennenden Kirche“ in Zingst.

Aus Prerow, Born, Ahrenshoop und Wieck, dem Pfarrsprengel von Pastor Pless also, sind mir bislang keine Vertreter der „Bekennenden Kirche“ bekannt. Die übergroße Mehrheit des Kirchenvolkes stand rechts bei den „Deutschen Christen“.

Die politische Führung

Gauleiter in Pommern: Franz Schwede-Coburg.
Foto: Wikipedia

Am 20. Juli 1934 setzt Adolf Hitler den Bayern **Franz Schwede-Coburg** als neuen **Gauleiter** und Oberpräsidenten[41] für Pommern ein. Schwede-Coburg ist ein extremer Rassist und militanter Antisemit. Er regiert den Gau Pommern von Stettin aus und führt ein straffes Regiment. Schon bald spricht man von seinem Amtssitz als der „Veste Coburg". Schwede-Coburg

[41] Dass Schwede-Coburg gleichzeitig Gauleiter und Oberpräsident (und damit u.a. für alle entscheidenden Personalfragen zuständig) ist, zeigt die enge Verflechtung zwischen Partei und staatlicher Verwaltung, die in der Person des Gauleiters **identisch** werden.

ordnete in seiner Funktion als Gauleiter und Reichsverteidigungskommissar für Pommern die Räumung der Heil- und Pflegeanstalten in Treptow, Ueckermünde, Lauenburg, Meseritz-Obrawalde und Stralsund im Herbst 1939 an und *ließ den größeren Teil der Patienten durch das SS-Kommando Eimann in Westpreußen erschießen* bzw. durch das Sonderkommando Lange mit Gaswagen ermorden.[42] Schon im Jahre 1940 wird sich Schwede-Coburg rühmen, Pommern sei „judenrein".

Landrat in Barth ist seit 1934 der Jurist **Volkmar Hopf** (1906-1997), der seit 1. Mai 1933 Mitglied der NSDAP ist. Hopf wird nach dem Krieg Staatssekretär im Bundesverteidigungsministerium und Präsident des Bundesrechnungshofes werden.[43]
Pommern ist nun straff organisiert: vom Gauleiter und Oberpräsidenten hinunter über den Landrat bis hin zum Dorfschulzen der kleinsten Gemeinde regiert die NSDAP. Kein Bürgermeister und kein Gemeindevorsteher mehr, der nicht von der NSDAP ernannt worden wäre.

Auch die evangelische Kirche muss sich mit den Ansprüchen des totalen Staates auseinandersetzen. Während in Zingst Widerspruch zu hören ist (Bonhoeffer, Pastor Krause), ist der Gemeindekirchenrat in **Prerow**

---

[42] Vgl. Ernst Klee, Euthanasie im NS-Staat; zitiert nach Wikipedia-Eintrag zu Franz Schwede-Coburg

[43] Vgl. dazu den Eintrag Volkmar Hopf bei Wikipedia. Hopf ist neben Forstmeister Mueller-Darß eines jener zahlreichen Beispiele für den nahtlosen Übergang von NSDAP und SS in den Dienst der Bundesrepublik Deutschland unmittelbar nach dem Kriege.

seit der Wahl im Jahre 1933 klar *deutsch-christlich*.
Im Gemeindeblatt der evangelischen Kirchgemeinde Prerow, dem „Darßer Boten", sieht die Machtergreifung der „Deutschen Christen" so aus:

„Durchführungsbestimmung des Evangelischen Oberkirchenrats vom 26. Juni 1933 über die einstweilige Ordnung der kirchl. Verwaltung, Ziffer 3:
Aufgrund der mir erteilten Ermächtigung ordne ich für die Kirchenprovinz Pommern folgendes an:
1. Bis zur endgültigen Neuregelung durch die neue Kirchenverfassung führt ein Ausschuß die Geschäfte der aufgelösten Kirchenvertretungen weiter. Der Ausschuß besteht aus:
a) dem bisherigen Vorsitzendes des Gemeindekirchenrats
b) vier weiteren Mitgliedern, die vom Vorsitzenden möglichst aus den bisherigen Mitgliedern der kirchlichen Körperschaften ernannt werden. *Von diesen vier Mitgliedern müssen 3 Mitglieder der Glaubensbewegung „Deutsche Christen" bzw. Nationalsozialisten sein.* Für Gemeinden über 5000 Seelen verändern sich die obigen Zahlen auf 6 und 4. Die Ernennung dieser 3 bzw. 4 erfolgt im Einvernehmen mit dem Ortsleiter der Glaubensbewegung „Deutsche Christen" oder wo ein solcher noch nicht bestellt ist, mit dem Ortsgruppenleiter der N.S.D.A.P.
2. Die Ernennung hat bis zum 10. Juli 1933 zu erfolgen und ist umgehend den Herren Superintendenten anzuzeigen.[44]

---

[44] Quelle: Der Darßer Bote, Gemeindeblatt für die Kirchengemeinde Prerow mit den Ortschaften Ahrenshoop, Born, Prerow, Wieck, Nummer 4 August 1933; Pfarrarchiv Prerow

Diese Anordnung der deutsch-christlichen Kirchenleitung wird im Pfarrsprengel Prerow ohne Widerspruch vollzogen.

Ab Herbst 1933 ist der ehemalige Hilfsprediger von **Born**, Pastor **Carl Thom**, Bischof der Deutschen Christen mit Sitz in Cammin. Thom ist Mitglied der NSDAP, wie auch dieses Foto aus dem Jahre 1934 zeigt, auf dem er mit Parteiabzeichen zu sehen ist.

Quelle: Heimat-Jahrbuch 1934 für Stralsund, Franzburg-Barth; Stadtarchiv Barth.

Thom unterstützt den Kirchbau in Born mit 2500 Reichsmark[45]. Er kannte das Projekt ja seit 1925, als er noch als Schriftführer im Ausschuss für den Bau dieses Kirchleins saß.

Bereits im Dezember **1934** (!) findet in Prerow eine Sitzung des *Reichsluftschutzbundes* statt – sichtbare und sehr frühe Vorbereitung auf den nächsten Krieg:

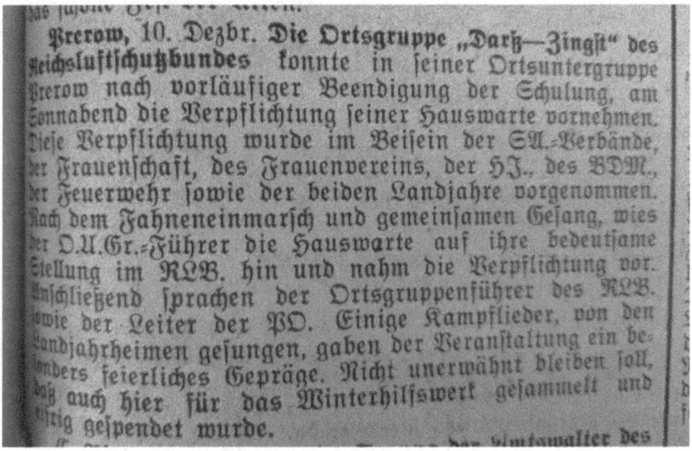

Prerow, 10. Dezbr. Die Ortsgruppe „Darß—Zingst" des Reichsluftschutzbundes konnte in seiner Ortsuntergruppe Prerow nach vorläufiger Beendigung der Schulung, am Sonnabend die Verpflichtung seiner Hauswarte vornehmen. Diese Verpflichtung wurde im Beisein der SA.-Verbände, der Frauenschaft, des Frauenvereins, der HJ., des BDM., der Feuerwehr sowie der beiden Landjahre vorgenommen. Nach dem Fahneneinmarsch und gemeinsamen Gesang, wies der O.U.Gr.-Führer die Hauswarte auf ihre bedeutsame Stellung im RLB. hin und nahm die Verpflichtung vor. Anschließend sprachen der Ortsgruppenführer des RLB. sowie der Leiter der PO. Einige Kampflieder, von den Landjahrheimen gesungen, gaben der Veranstaltung ein besonders feierliches Gepräge. Nicht unerwähnt bleiben soll, daß auch hier für das Winterhilfswerk gesammelt und eifrig gespendet wurde.

Quelle: Barther Zeitung, 10. 12. 1934; Stadtarchiv Barth

Die NSDAP bestimmt vom Januar 1933 an zunehmend *den Alltag der Menschen.* „Winterhilfswerk", „Führers Geburtstag", „Erster Mai", „Eintopfsonntag", „HJ-Lager", „Helden-Gedenktag" – das sind die Worte, die nun den Alltag der Menschen auch auf dem Darß bestimmen. Der Propaganda, die vom promovierten Germanisten **Dr. Joseph Goebbels** straff geführt

[45] Vgl. Dr. Pleß, Memorabilia; Pfarramtsarchiv Prerow

wird, geht es darum, „ein einiges Volk“ unter „einem Führer“ zu organisieren, das in der Lage sein würde, den kommenden Krieg zu führen. Der Alltag der Menschen wird immer stärker bestimmt von wehenden Fahnen, Fackel-Aufmärschen; bei jeglicher Gelegenheit ist ein „Heil Hitler!“ auszubringen, man unterschreibt nun alle dienstlichen Briefe mit „Heil Hitler“ und allenthalben wird zu Beginn oder am Ende einer Veranstaltung das „Horst-Wessel-Lied“ gesungen. Die nationalsozialistische Propaganda kriecht bis ins kleinste Dorf.

Zum Beispiel beim „Eintopfsonntag“[46]:

---

[46] Vgl. Wikipedia: Von Oktober bis März sollte einmal im Monat in allen deutschen Haushalten nur Eintopf gegessen werden. Die Differenz zwischen den Kosten für das sonst übliche Sonntagsessen und dem für Eintopf nötigen Aufwand, „von oben“ generell mit 50 Pfennig veranschlagt, wurde von den von Tür zu Tür gehenden *Blockwarten der NSDAP* kassiert und kam dem kurz zuvor gegründeten Winterhilfswerk zugute. Die Einsparungen waren angeblich oft größer, wie z. B. bei einem Rezept eines 4-Personen-Eintopfgerichts für 1,18 RM aus dem Jahr 1933.
In den Zeitungen wurden wiederholt Eintopfrezepte als Vorschläge veröffentlicht; es erschien auch ein Eintopf-Kochbuch von Erna Horn. Führende Persönlichkeiten des NS-Regimes wie Adolf Hitler und Joseph Goebbels benutzten das öffentliche Eintopfessen als Propagandamittel.„ Der Eintopfsonntag soll nicht nur materiell [durch die Spende], sondern auch ideell dem Gedanken der Volksgemeinschaft dienen. Es genügt nicht, daß jemand zwar eine Eintopfspende gibt, aber seine gewohnte Sonntagsmahlzeit verzehrt. Das ganze deutsche Volk soll bei diesem

Erster Eintopfsonntag.

im zweiten Winterhilfswerk des Nationalsozialismus.

Auf Anordnung des Reichsministers für Volksaufklärung und Propaganda wird auch in diesem Winterhilfswerk wieder einmal im Monat von allen Volksgenossen — ganz gleich ob arm, ob reich — das Eintopfgericht gegessen. Gerade in dieser Tat zeigt sich immer und immer wieder die wahre Volksgemeinschaft. Denn wenn der wohlhabende Mann das gleiche einfache Mittagsmahl einnimmt, wie sein armer Nachbar, wenn die Familie im Landhaus das gleiche Essen auf den Tisch setzt, wie der Siedler in seiner kleinen Hütte, dann ist das ein bedeutsamer Grundstein zu wahrer Gemeinschaftstat.

Dazu tritt aber noch der praktische Augenblickswert des Eintopfgerichtes: Der Volksgenosse, der sonst ein Essen für zwei Mark besorgt, ißt am Sonntag sein billiges Eintopfmittag und führt freudig und opferwillig die eingesparten eine Mark oder 1,50 Mark an das Winterhilfswerk ab. — Erfolg: Eine bedürftige Familie erhält dafür Zuweisungsscheine für Lebensmittel, für Heizmaterial, sie erhält Kartoffeln oder andere für sie lebensnotwendige Dinge, die sie unbedingt braucht im Kampf gegen die Not des Winters.

Volksgenossen, denkt an die Gemeinschaftstat des Eintopfgerichtes. Denkt an die Nationale Solidarität, die der Führer von uns allen verlangt! Denkt daran und gebt den eingesparten Betrag freudig den Eintopfsammlern, die am Sonntag oder Montag in die Wohnungen kommen!

Sonntag gibt's:

Gemüse-Eintopf mit Rindfleisch für 4 Personen
3/4 Pfund Rindfleisch, 3 Pfund Kartoffeln, 4 Würfel Maggi's Frühling-Suppe, feingehackte Petersilie.
Das kleingewürfelte Fleisch in 1 3/4 l leicht gesalzenem Wasser halb garkochen. Inzwischen Maggi's Frühling-Suppe fein zerdrücken, in 1/4 l kaltem Wasser glattrühren, den Brei zum Fleisch gießen, die kleingeschnittenen Kartoffeln beifügen, gut durchrühren und bei kleinem Feuer garkochen lassen. Vor dem Anrichten die Petersilie darüberstreuen.

MAGGI SUPPEN
Frühling
2 Teller

Barther Zeitung 11.10.1934, Stadtarchiv Barth

Eintopfsonntag bewußt opfern […] um bedürftigen Volksgenossen zu helfen."

Bis in den kleinsten Verein kriecht der NS-Staat: Selbst der *Fischereiverein* kommt bei seinen Sitzungen nicht mehr ohne ein abschließendes kräftiges „Sieg-Heil!“ aus:

M. **Born,** 12. Oktober. **Appell des Kriegervereins.** Auf seinem ersten Appell in diesem Winterhalbjahr war der Kriegerverein stark vertreten. Nach einführenden Worten des Vereinsführers wurden die vielseitigen Vereinsangelegenheiten eingehend durchberaten. Dreizehn neue Mitglieder wurden aufgenommen. Die Mitglieder der SA.-Reserve II wurden in drei Scharen eingeteilt. Der offizielle Teil des Abends wurde mit einem begeistert aufgenommenen Siegheil auf den Führer beendet. Die Kameraden blieben aber in herzlicher Gemeinschaft noch längere Zeit zusammen beim Austausch alter Kriegserlebnisse und beim Gesang der schönen alten Lieder. — **Fischereiverein.** Der Fischereiverein Born hielt eine auch von den andern zum Vereinsbereich gehörenden Dörfern gut besuchte Monatsversammlung ab. Den Mitgliedern wurde zunächst der Verbandsbericht bekanntgegeben. Danach heißen die Vereine hinfort „Fischerschaften“ und der Verband „Gebietsfischerschaft“. Die Führer der Gebietsfischerschaft sind ebenso wie die der einzelnen Fischerschaften bis zur Bestätigung durch den Reichsnährstand nur kommissarisch tätig. Das Reichsnährstandsabzeichen kam an die Mitglieder zur Verteilung. Zu dem ersten Deutschen Fischereiwirtschaftsag, der vom 13. bis 16. Oktober in Stralsund stattfindet, wurde besonders eingeladen. Mit der Besprechung verschiedener örtlicher Angelegenheiten und einem kräftigen Siegheil auf Führer und Volk endigte die Sitzung nach dreistündiger Dauer.

C. **Franzburg,** 12. Oktober. **Personaländerung an der Aufbauschule.** Studienassessor Dr. Sprung ist von der Staatlichen Bildungsanstalt Köslin nach hier versetzt worden, wo er den beurlaubten Studienassassor Dr. Pieper vertreten soll.

Barther Zeitung 12. Oktober 1934, Stadtarchiv Barth

Selbstverständlich werden die *Zeitungen* von der NSDAP benutzt, um in *Sonderbeilagen* zum Beispiel für die Jugendorganisationen des Nationalsozialistischen Staates zu werben:

Hitler-Jugend

Franzburg-Barth · Unterbann III/42

Mädel in Front!

Zahlen und Tatsachen aus der Schulungsarbeit des B. d. M.

Von der Jungmädelarbeit im Obergau Ostsee des B. d. M.

Deutsche Jugend, was weißt Du von der Welt?

Heinrich Lersch bei der HJ

Zusätzliche Berufsschulung

Bilanz der Heimbeschaffung in

Barther Zeitung 12. 10. 1934; Beilage. Stadtarchiv Barth

In alle Bereiche des Alltags greifen NSDAP und Staat tief ein.

Sogar eigentlich völlig unpolitische zivile *Adventsfeiern* kommen schon 1934 nicht mehr ohne „Sieg Heil!“ und „Horst-Wessel-Lied“ aus, wie diese Meldung aus **Pruchten-Bresewitz** belegt, die in der Barther Zeitung abgedruckt zu lesen ist. Veranstalter ist in diesem Falle allerdings der örtliche „Reichsnährstand“, eine NS-Organisation, in der die Bauern organisiert sind.

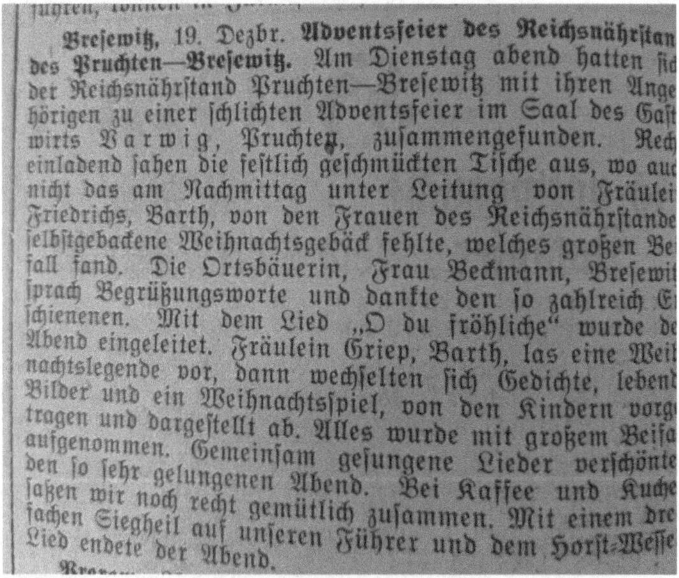

Bresewitz, 19. Dezbr. **Adventsfeier des Reichsnährstandes Pruchten—Bresewitz.** Am Dienstag abend hatten sich der Reichsnährstand Pruchten—Bresewitz mit ihren Angehörigen zu einer schlichten Adventsfeier im Saal des Gastwirts Barwig, Pruchten, zusammengefunden. Recht einladend sahen die festlich geschmückten Tische aus, wo auch nicht das am Nachmittag unter Leitung von Fräulein Friedrichs, Barth, von den Frauen des Reichsnährstandes selbstgebackene Weihnachtsgebäck fehlte, welches großen Beifall fand. Die Ortsbäuerin, Frau Beckmann, Bresewitz sprach Begrüßungsworte und dankte den so zahlreich Erschienenen. Mit dem Lied „O du fröhliche“ wurde der Abend eingeleitet. Fräulein Griep, Barth, las eine Weihnachtslegende vor, dann wechselten sich Gedichte, lebende Bilder und ein Weihnachtsspiel, von den Kindern vorgetragen und dargestellt ab. Alles wurde mit großem Beifall aufgenommen. Gemeinsam gesungene Lieder verschönten den so sehr gelungenen Abend. Bei Kaffee und Kuchen saßen wir noch recht gemütlich zusammen. Mit einem dreifachen Siegheil auf unseren Führer und dem Horst-Wessel-Lied endete der Abend.

Barther Zeitung, 20. Dezember 1934, Stadtarchiv Barth

Selbstverständlich feiert auch die Ortsgruppe Prerow der *NSDAP Weihnachten* - ein „wahrhaft echt deutsches Weihnachten“, versteht sich. Ob dabei auch ein „echt deutscher Weihnachtsmann“ aufgetreten ist, ist nicht überliefert: Man trifft sich jedenfalls im „Kaffee Wien“:

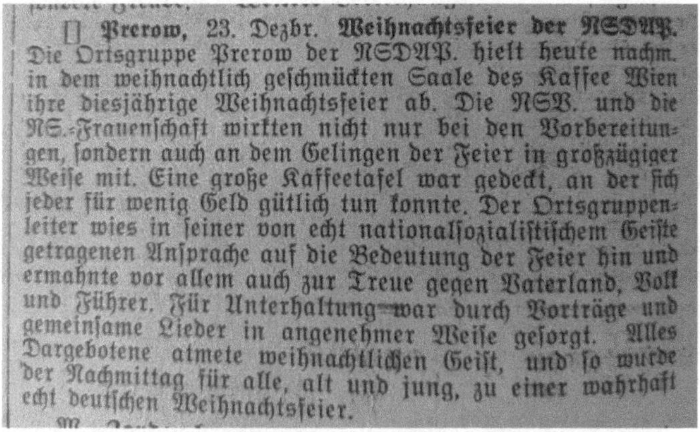

Prerow, 23. Dezbr. **Weihnachtsfeier der NSDAP.** Die Ortsgruppe Prerow der NSDAP. hielt heute nachm. in dem weihnachtlich geschmückten Saale des Kaffee Wien ihre diesjährige Weihnachtsfeier ab. Die NSV. und die NS.-Frauenschaft wirkten nicht nur bei den Vorbereitungen, sondern auch an dem Gelingen der Feier in großzügiger Weise mit. Eine große Kaffeetafel war gedeckt, an der sich jeder für wenig Geld gütlich tun konnte. Der Ortsgruppenleiter wies in seiner von echt nationalsozialistischem Geiste getragenen Ansprache auf die Bedeutung der Feier hin und ermahnte vor allem auch zur Treue gegen Vaterland, Volk und Führer. Für Unterhaltung war durch Vorträge und gemeinsame Lieder in angenehmer Weise gesorgt. Alles Dargebotene atmete weihnachtlichen Geist, und so wurde der Nachmittag für alle, alt und jung, zu einer wahrhaft echt deutschen Weihnachtsfeier.

Barther Zeitung 23. Dezember 1934, Stadtarchiv Barth

Und dann, zum Jahresschluss des Jahres **1934**, kommen die „Grüße“ und *die neuen Parolen* von Hitler, von Goebbels, von der SA, der SS und so weiter und so weiter, damit das Volk weiß, wo es lang geht. Die neuen Parolen kommen via Zeitung, denn noch hat nicht jeder Haushalt einen „Volksempfänger“, den man später etwas despektierlich „Goebbels-Schnauze“ nannte. Also muss vor allem die Zeitung mitteilen, was das Volk wissen soll. Die Barther Zeitung, das sei erwähnt, ist im Jahre 1934 noch nicht mit dem NSDAP-Blatt „Pommersche Zeitung“ gleichgeschaltet, das geschieht erst am 31. Juli 1935.

Barther Zeitung

Tägliches Blatt für Stadt und Land

Nummer 304 | Montag, den 31. Dezember 1934 | 29. Jahrgang

Wegweiser ins Jahr 1935

Neujahrserlasse an die Wehrmacht.

An die Wehrmacht!

Der Führer an die Frontsoldaten.

Göring an die SA. und SS.

Göring an die Jugend.

Ernste Worte zum Geleit.

Reichsminister Dr. Josef Goebbels:

Reichsminister Göring:

Reichsminister Dr. Wilhelm Frick:

Reichsminister Freiherr v. Neurath:

Reichsminister R. Walther Darré:

Göring an die deutsche Luftfahrt.

An die Preußische Landespolizei.

An die deutsche Jägerschaft.

Hühnlein an das NSKK.

Neujahrsbefehl an die Technische Nothilfe.

Quelle: Stadtarchiv Barth

1935 Nürnberger Rassegesetze

Kirche in Born a.Darß; Postkarte von 1939; Privatbesitz Schneidereit, Born

Das Kirchlein in Born ist nun fertig errichtet und kann geweiht werden. In den Erinnerungen schreibt Pastor Pleß darüber:

„Es kamen vom Konsistorium Konsistorialrat Dr. Hanke, der uns zur Seite gestanden hat, der uns auch zusagte, uns noch ein Weiteres zu bewilligen für die Überschreitung der Summen. Der Forstmeister[47] war auch da, außerdem der Herr Landrat, der uns auch eine Summe stiftete.

[47] Franz Mueller-Darß. Mit dem wird es später wegen des Naturschutzgebietes auf dem Darß noch Krach geben und die „Freundschaft" mit dem Pastor wird daran zerbrechen.

Wir versammelten uns vor dem alten gottesdienstlichen Raum und gingen in feierlichem Zuge zum neuen Gotteshaus. Der Hauptlehrer Treu, der Kirchenältester war, hielt eine kurze Ansprache, die Ältesten trugen die heiligen Geräte. *Die Verbände waren angetreten*[48]. Der Architekt Hopp übergab mir mit ein paar Sätzen den Schlüssel an der Tür und ich schloß mit einem Gotteswort auf. Der Gottesdienst begann. Das Haus konnte die Menge der Besucher nicht fassen, die zum Teil draußen stehen bleiben mußten. Der Propst D. Laag[49] hielt die Festpredigt und weihte die Kirche, es sprachen der Superintendent Just im Namen des Kirchenkreises, der Konsistorialrat Hanke für das Konsistorium, der Landrat (vorzüglich) für den Kreis, er ermahnte zur Treue gegen die Kirche. Ich durfte ein kurzes Schlusswort sprechen, in dem ich allen dankte und vor allem dem Herrn aller Herren dankte, daß er das Werk gelingen ließ, was uns zeitweise unter allen Schwierigkeiten unmöglich erschienen war. Es war eine erhebende Feier"[50]

Nun haben die Borner ihr Kirchlein, Figuren zum Heldengedenken sind auch angebracht und die Zeitung vermerkt sogar, wer die erste Hochzeit im Kirchlein gefeiert hat: der Postschaffner Walter Alfred Hellmuth Thoms aus Born und Grete Minna Kottke aus Berlin-Spandau.

---

[48] Gemeint sind SA, SS, HJ und BDM

[49] Heinrich Laag ist Mitglied bei den Deutschen Christen

[5050] Memorabilien, S. 55 f. Pfarrarchiv Prerow

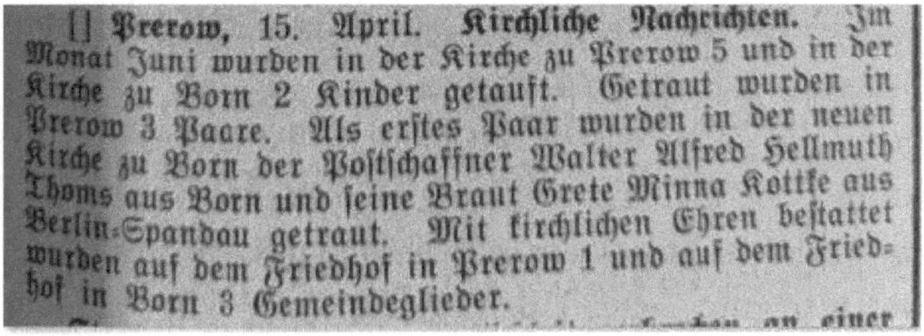
[] Prerow, 15. April. **Kirchliche Nachrichten.** Im Monat Juni wurden in der Kirche zu Prerow 5 und in der Kirche zu Born 2 Kinder getauft. Getraut wurden in Prerow 3 Paare. Als erstes Paar wurden in der neuen Kirche zu Born der Postschaffner Walter Alfred Hellmuth Thoms aus Born und seine Braut Grete Minna Kottke aus Berlin-Spandau getraut. Mit kirchlichen Ehren bestattet wurden auf dem Friedhof in Prerow 1 und auf dem Friedhof in Born 3 Gemeindeglieder.

Barther Zeitung 15. April 1935.

Das Jahr 1935 bringt Aufrüstung und Kriegsvorbereitungen im ganzen Reich. In Barth wird die **Flieger- und Rüstungsindustrie** aufgebaut (vgl. Franz Wegener, Barth im Nationalsozialismus). Es entstehen dort „zukunftsfähige Arbeitsplätze", der einfache Landmann fragt nicht, woran oder wofür er arbeitet, er ist froh, wenn er überhaupt eine Arbeit hat, denn die Bevölkerung vom Darß ist arm….
Überall im Lande finden in den Sommermonaten HJ-Lager statt. Die „Jugend des Reiches" wird unter Führung des Reichsjugendführer Baldur von Schirach[51] straff organisiert und dem Führer „zugeführt", damit er sie zu Soldaten mache…….Prerow ist auch betroffen, da lagert die HJ gewöhnlich auf der „Pfarrwiese", weshalb es Probleme gibt:

28. Mai 1935 Sitzung des Gemeindekirchenrates (S. 163)[52]
Top 1 „Zelten der *Hitlerjugend.* Wir weisen darauf hin,

---

[51] https://de.wikipedia.org/wiki/Baldur_von_Schirach

[52] Die Protokolle sind erhalten im Pfarrarchiv Prerow und wurden von mir im September 2019 weitgehend digitalisiert. Die Seitenangabe bezieht sich auf das Original

daß der in Aussicht genommene Platz am 30. Juni dem Stralsunder Kraftfahrkorps zum Parken zur Verfügung gestellt ist. Wir bemerken außerdem, daß der in Frage kommende Platz für *1500 Jungen* nicht ausreicht zumal die Zugänge zum Strand frei bleiben müssen. Wir schlagen zum Zelten einen Platz vor, der einige hundert Meter östlich liegt und geben anheim, sich wegen Überlassung mit der Gemeinde Prerow in Verbindung zu setzen.“

Die Barther Zeitung schreibt über das Lager im Sommer 1935:

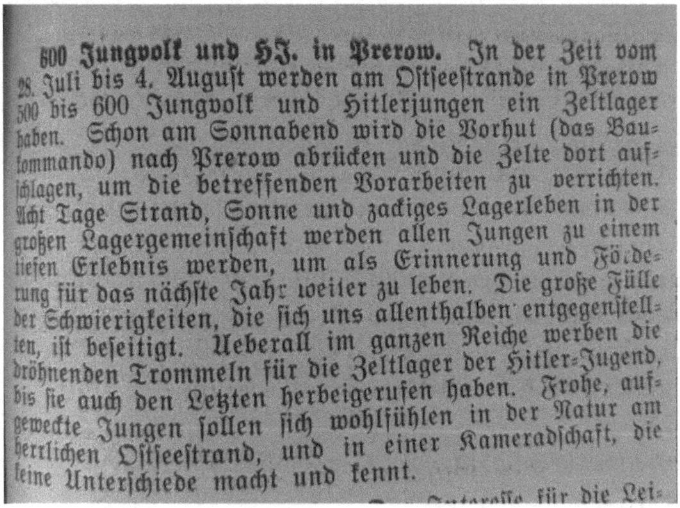

600 Jungvolk und HJ. in Prerow. In der Zeit vom 28. Juli bis 4. August werden am Ostseestrande in Prerow 500 bis 600 Jungvolk und Hitlerjungen ein Zeltlager haben. Schon am Sonnabend wird die Vorhut (das Baukommando) nach Prerow abrücken und die Zelte dort aufschlagen, um die betreffenden Vorarbeiten zu verrichten. Acht Tage Strand, Sonne und zackiges Lagerleben in der großen Lagergemeinschaft werden allen Jungen zu einem tiefen Erlebnis werden, um als Erinnerung und Förderung für das nächste Jahr weiter zu leben. Die große Fülle der Schwierigkeiten, die sich uns allenthalben entgegenstellten, ist beseitigt. Ueberall im ganzen Reiche werben die dröhnenden Trommeln für die Zeltlager der Hitler-Jugend, bis sie auch den Letzten herbeigerufen haben. Frohe, aufgeweckte Jungen sollen sich wohlfühlen in der Natur am herrlichen Ostseestrand, und in einer Kameradschaft, die keine Unterschiede macht und kennt.

Quelle: Barther Zeitung; Stadtarchiv Barth

Auch in die Feuerwehr greift der Staat ein und klärt die Reihenfolge zwischen SA und Feuerwehr:

13. Juni 1935. Der Landrat des Landkreises Franzburg-Barth teilt den Mitgliedern der **Feuerwehr** im Landkreis folgendes mit:

„Bei allen Angehörigen der SA über 35 Jahre geht der Feuerwehrdienst dem SA-Dienst und bei allen Angehörigen der SA unter 35 Jahre der SA-Dienst dem Feuerwehrdienst vor."

Mitgliedschaft von Feuerwehrmännern in der SA., SS. und NSKK.

RdErl. d. RuPrMdJ. v. 31. 5. 1935
— III D 6017 IV.

Die Oberste SA.-Führung hat folgenden Befehl erlassen:

„Bei allen Angehörigen der SA. über 35 Jahre geht der Feuerwehrdienst dem SA.-Dienst und bei allen Angehörigen der SA. unter 35 Jahre der SA.-Dienst dem Feuerwehrdienst vor."

Der Reichsführer der SS. wie der Korpsführer der NSKK. haben folgenden Befehl erlassen:

„Bei allen SS.-(NSKK.)Angehörigen über 26 Jahre geht der Feuerwehrdienst dem SS.-(NSKK.-)Dienst und bei allen SS.-(NSKK.-)Angehörigen unter 26 Jahre der SS.-(NSKK.-)Dienst dem Feuerwehrdienst vor."

Als Feuerwehrdienst gilt die Teilnahme an Feuerwehrpflichtübungen, an Feuerwehraufmärschen, die Feuerwehrtätigkeit im Brandfalle und bei Probealarm, der Feuerwehrbereitschaftsdienst, die Teilnahme an Feuerwehrschulkursen und bei Feuerführern und die Teilnahme an Führerbesprechungen.

Der RdErl. v. 15. 8. 1934 — II D 2363 II (MBliV. S. 1099) wird aufgehoben.

Barth, den 13. Juni 1935.

Der komm. Landrat des Kreises Franzburg-Barth.

Hopf.

Quelle: Barther Zeitung 14. Juni 1935; Stadtarchiv Barth

Görings Jagdhaus auf dem Darß

Am 5. Juli 1935 fällt der Architekt, der das Jagdhaus von Hermann Göring im Darßwald baut, vom Fahrrad.
Ein wichtiges Ereignis, weshalb sogar die Zeitung darüber berichtet:

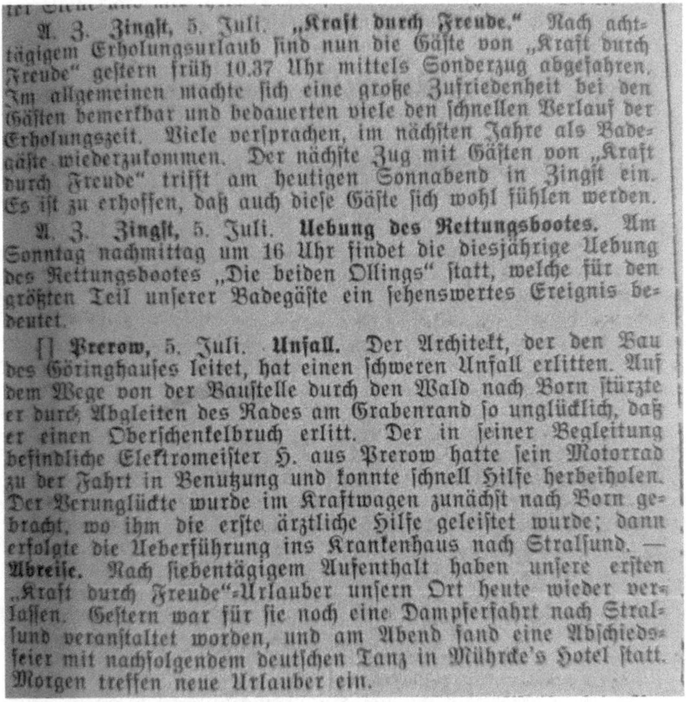

A. Z. Zingst, 5. Juli. **„Kraft durch Freude."** Nach achttägigem Erholungsurlaub sind nun die Gäste von „Kraft durch Freude" gestern früh 10.37 Uhr mittels Sonderzug abgefahren. Im allgemeinen machte sich eine große Zufriedenheit bei den Gästen bemerkbar und bedauerten viele den schnellen Verlauf der Erholungszeit. Viele versprachen, im nächsten Jahre als Badegäste wiederzukommen. Der nächste Zug mit Gästen von „Kraft durch Freude" trifft am heutigen Sonnabend in Zingst ein. Es ist zu erhoffen, daß auch diese Gäste sich wohl fühlen werden.

A. Z. **Zingst,** 5. Juli. **Uebung des Rettungsbootes.** Am Sonntag nachmittag um 16 Uhr findet die diesjährige Uebung des Rettungsbootes „Die beiden Ollings" statt, welche für den größten Teil unserer Badegäste ein sehenswertes Ereignis bedeutet.

[] **Prerow,** 5. Juli. **Unfall.** Der Architekt, der den Bau des Göringhauses leitet, hat einen schweren Unfall erlitten. Auf dem Wege von der Baustelle durch den Wald nach Born stürzte er durch Abgleiten des Rades am Grabenrand so unglücklich, daß er einen Oberschenkelbruch erlitt. Der in seiner Begleitung befindliche Elektromeister H. aus Prerow hatte sein Motorrad zu der Fahrt in Benutzung und konnte schnell Hilfe herbeiholen. Der Verunglückte wurde im Kraftwagen zunächst nach Born gebracht, wo ihm die erste ärztliche Hilfe geleistet wurde; dann erfolgte die Ueberführung ins Krankenhaus nach Stralsund. — **Abreise.** Nach siebentägigem Aufenthalt haben unsere ersten „Kraft durch Freude"-Urlauber unsern Ort heute wieder verlassen. Gestern war für sie noch eine Dampferfahrt nach Stralsund veranstaltet worden, und am Abend fand eine Abschiedsfeier mit nachfolgendem deutschen Tanz in Mührcke's Hotel statt. Morgen treffen neue Urlauber ein.

Barther Zeitung 5. Juli 1935

Der Bau des Jagdhauses für Hermann Göring, immerhin preußischer Ministerpräsident und „Hohes Tier" in Berlin, war auf dem Darß ein *Großereignis*, denn zahlreiche einheimische Handwerker waren daran beteiligt,

wie Volker Knopf in seinem Büchlein „Hermann Görings Jagdhaus Darß“ aufgezeigt hat.
Nach Fertigstellung des Jagdhauses (Göring selbst zwar nur wenige Male dort) ist es vor allem Unterkunft für *hochrangige Jagd-Delegationen*[53] und für viele Besucherinnen und Besucher. Die Urlauber, die mit „Kraft durch Freude“ (KdF) auf den Darß gekommen waren, pilgerten zum Jagdhaus vom Herrmann und besahen sich die Pracht[54]. Das Jagdhaus ist in jenen Jahren *Ausflugsziel.*

Die *Aufforstung* auf dem Darß beginnt ebenfalls 1935. Ein zentrales Projekt von Franz Mueller-Darß zur Einrichtung des Naturschutzparks Darß. :

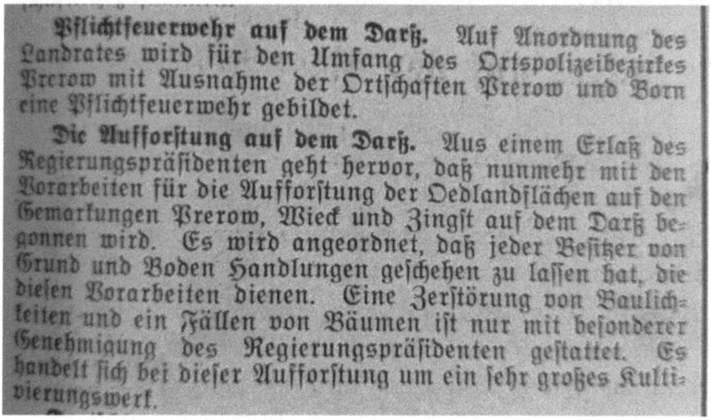

Pflichtfeuerwehr auf dem Darß. Auf Anordnung des Landrates wird für den Umfang des Ortspolizeibezirkes Prerow mit Ausnahme der Ortschaften Prerow und Born eine Pflichtfeuerwehr gebildet.

Die Aufforstung auf dem Darß. Aus einem Erlaß des Regierungspräsidenten geht hervor, daß nunmehr mit den Vorarbeiten für die Aufforstung der Oedlandflächen auf den Gemarkungen Prerow, Wieck und Zingst auf dem Darß begonnen wird. Es wird angeordnet, daß jeder Besitzer von Grund und Boden Handlungen geschehen zu lassen hat, die diesen Vorarbeiten dienen. Eine Zerstörung von Baulichkeiten und ein Fällen von Bäumen ist nur mit besonderer Genehmigung des Regierungspräsidenten gestattet. Es handelt sich bei dieser Aufforstung um ein sehr großes Kultivierungswerk.

Barther Zeitung. 9.7.1935

---

53 Daran hat sich während der DDR nichts geändert……

54 Volker Knopf, Das Jagdhaus Görings auf dem Darß, a.a.O. S. 24

Und im Juli 1935 geht's wie in jedem Jahr in die Blaubeeren:

[] **Prerow**, 10. Juli. **Holzversand.** Schon seit vielen Wochen wird aus der Darßer Staatsforst viel Nutzholz abgefahren. Am Bahnhof und auf der Verladerampe lagern große Mengen Schwellen, die nach und nach mit der Bahn an ihren Bestimmungsort befördert werden. Auch auf den Lagerstellen beim Bollwerk und am Strom lagern Nutzhölzer, namentlich auch Kiefernlangholz. Der Versand dieser Hölzer geschieht auf dem Wasserwege, und zur Zeit nimmt am Bollwerk wieder ein Flußkahn eine Ladung Kiefern ein. — **Blaubeerenernte.** In unserem an Blaubeerenstauden so reichen Darßer Forst beginnt in diesen Tagen die Ernte der vielbegehrten Früchte. Erlaubnisscheine zum Pflücken werden in den zuständigen Förstereien jeden Dienstag und Freitag in den Stunden von 10—12 Uhr ausgegeben. Die erstmalige Ausgabe erfolgt am Freitag dieser Woche.

Barther Zeitung 11.7.1935 Franz Mueller-Darß, der „Forstmeister", brachte es fertig und ließ Frauen aus dem Dorfe, die ihren Berechtigungsschein nicht mit im Wald hatten, ihre bereits gesammelte Ernte wieder auskippen, wie Holger Becker, der Ortschronist von Born zu berichten weiß.

Im Kirchspiel **Bodstedt** feiert im Jahre 1935 der Kirchendiener und Friedhofswärter Parteigenosse Malte Niemann sein 25-jähriges Dienstjubiläum. *Er will statt eines Geldgeschenkes lieber ein Hitler-Bild haben.* Pastor Steinhardt ist so freundlich und überreicht es ihm….:

y. Bodstedt, 1. Juli. **25 Jahre im Amt.** Auf eine 25-jährige Tätigkeit als Kirchendiener und Friedhofswärter des Kirchspiels Bodstedt konnte am 1. Juli Pg. Malte Niemann in Bodstedt zurücksehen. 25 Jahre, seit 1910, hat er treu der Kirche gedient. Aus diesem besonderen Anlaß wurden die Verdienste Pg. Niemanns bereits im letzten Gottesdienst am Sonntag gewürdigt. Am heutigen Tage ist dem Jubilar durch den Vorsitzenden des Gemeindekirchenrats sowie einigen Mitgliedern eine besondere Ehrung zuteil geworden. Während einer schlichten Feier im Hause Pg. Niemanns gedachte Herr Pastor Steinhardt noch einmal der treuen Dienste für die Kirche und überreichte auf ausdrücklichem Wunsch Pg. Niemanns an Stelle eines Geldgeschenks ein großes Führerbild mit der Widmung des Kirchenrats, für das Pg. Niemann bewegten Herzens dankte. Pg. Niemann ist auch politisch als Zellenleiter der NSDAP. für Bodstedt und Fuhlendorf tätig. Neben den vielen Ehrungen und Glückwünschen, die Pg. Niemann an diesem Tage erhalten hat, fügen wir auch unsere bei und hoffen,

Quelle: Barther Zeitung 1. Juli 1935. Stadtarchiv Barth

Eine solche Zeitungsmeldung ist allerdings mit Vorsicht zu lesen. Sie enthält zunächst die Information: der Kirchendiener und Friedhofsgärtner war „Parteigenosse", also Mitglied der NSDAP. Die NSDAP war also, wie dieses Beispiel belegt, bis in die kirchlichen Gemeindestrukturen vorgedrungen.

Andrerseits ist ein solches „Beispiel", dass jemand statt eines Geldgeschenkes lieber ein Hitler-Bild haben möchte, ganz gewiss nicht typisch, schon gar nicht in einer eher armen ländlichen Bevölkerung, die auf jede Reichsmark angewiesen ist - sondern eine Meldung, die aus *propagandistischen* Gründen die Zeitungsredaktion erreicht haben dürfte. Die „Botschaft" dieser kleinen Meldung im Jahre 1935, kurz vor der Gleichschaltung der Barther Zeitung mit der Pommerschen Zeitung, die am 31. Juli 1935 erfolgte, lautet daher eher: „seht her, selbst in der Kirche sind die alten treuen Mitglieder jetzt auf unserer Seite…..“

10. – 16. September 1935: Der Reichsparteitag[55] der NSDAP in Nürnberg

Reichsparteitag der NSDAP 1935 in Nürnberg.
Quelle: FAZ online

Dieses Foto ist typisch für die Zeit: „ein Volk, ein Reich, ein Führer“. Deutschland ist angetreten und marschiert. Wer nicht gehorcht, wird eingesperrt, das Land ist „gleichgeschaltet“. Die Reichsparteitage der NSDAP werden mit größtem Pomp abgefeiert, finden

---

55 https://www.zukunft-braucht-erinnerung.de/reichsparteitage-der-nsdap/

ausführlich in Radio und Kino statt und sind vor allem eines: Instrument der Propaganda.
Der Parteitag des Jahres 1935 bringt Verheerendes: die **Nürnberger Gesetze**.
Die „Nichtarier“, also vor allem die Juden, egal, ob sie in Deutschland geboren wurden, egal, ob sie im Ersten Weltkrieg „dem Vaterlande treu gedient“ hatten oder nicht – sie vor allem sind die Leidtragenden, denn sie werden systematisch und gründlich all ihrer Rechte beraubt.
Überlebenswichtig wird für viele Menschen ein neues Dokument: der „Arier-Nachweis“. Er wird von den Standesämtern oder von den Pfarrämtern ausgestellt. Die Pfarrämter sind dabei besonders wichtig, denn sie haben die Quellen: die Geburtsregister, die Nachweise über Eheschließungen, Taufen, Konfirmationen, Beerdigungen. Anhand dieser wertvollen Dokumente kann man nachweisen, dass man „arischer Abstammung“ ist. Eine systematische „Ahnenforschung“ beginnt. Wer den Arier-Nachweis jedoch nicht erbringen kann – landet, wenn es ganz schlecht läuft, im KZ. Mit diesen Gesetzen müssen sich fortan auch Schulkinder befassen und lernen, was ein „Vierteljude“ ist:

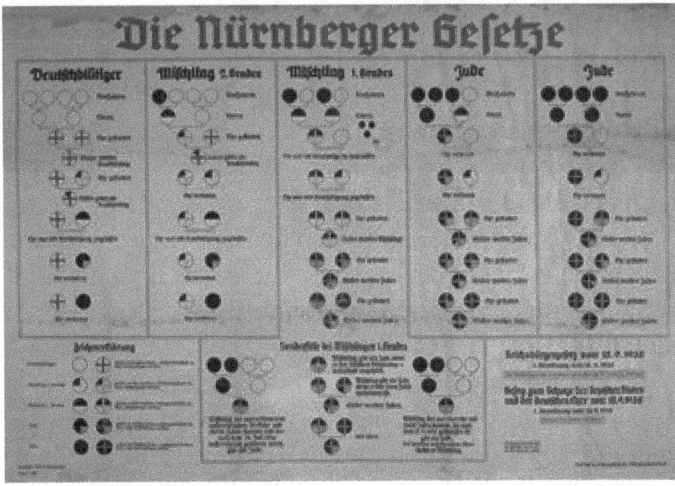

1936

Im Gemeindeblatt der evangelischen Kirchgemeinde, dem „Darßer Bote“ vom Juni des Jahres erklärt Pastor Pleß die in der Kirche Born angebrachten Holzfiguren. Er führt folgendes aus:
„Die Heldenehrung in der Borner Kirche“ (abgedruckt in „Der Darßer Bote“ August 1936)

„In allen unseren Kirchen sind Heldenehrungen, entweder Denkmäler oder Gedächtnistafeln, auf denen die Namen der im Weltkriege Gefallenen stehen. Es ist immer so gewesen, daß unsere Kirche in Treue zum Vaterlande gestanden hat. Volksgemeinde und Glaubensgemeinde gehören nun einmal ineinander, darum stehen die Malzeichen der Gefallenen mit Recht auch in unseren Kirchen. Manche Kirchen haben sehr schöne und sinnvolle Denkzeichen. Es war uns, als wir die Borner Kirchen bauten, selbstverständlich, daß auch sie eine Heldenehrung haben müsse und zwar eine solche, die sich ganz in die Eigenart dieser Kirche hineinfügte, genau so, wie es selbstverständlich war, daß die Kirche selber sich ganz dem Charakter der Darßer Landschaft anpassen sollte. Diese Aufgabe ist von dem Architekten Hopp vorbildlich gelöst worden. Der Holzbau mit seiner Stülpschalung und seinem hohen, steilen Rohrdach ist Darßer Bauart. Er zeigt, wie deutsche Menschen leben aus den Kräften von Blut und Boden. So war es wohl natürlich, daß dieser Bau überall bei den Sachverständigen Beachtung und Anerkennung gefunden hat und daß man auch im Ministerium auf ihn aufmerksam wurde. Wenn ich in den vielen Zeitschriften, die sich mit dem Bau beschäftigen, die Beschreibungen lese, so wird immer wieder gesagt, daß diese Kirche vorbildlich sei für den Neuaufbau einer wirklich artgemäßen, deutschen Baukultur. Es wird davon geredet, daß auch das Innere der Kirche hineingebaut sei in den seelischen Lebensraum des Volksstammes auf dem Darß. Das ist ja auch so. Da hängt das Schiff, das Sinnzeichen der Seefahrt, das zugleich Symbol der Kirche ist. Die Kirche ist ja immer wieder dargestellt worden als Schiff, das durch das Weltmeer fährt, manchmal mit vollen Segeln, manchmal mit zerbrochenem Mast, das aber sicher durch alle Wetter fährt, weil Christus selbst am Steuer steht. Und in den Bibelsprüchen gesellt sich das klare Gotteswort zu den Zeichen, die sich an das Ahnen in der Menschenseele wenden. Das mächtige Tonnengewölbe läßt die andere Welt erahnen und ruft zur Anbetung. Die Holzständer, die die Tonne halten, tragen zugleich die Gestalten der Heldenehrung, die nach christlichem Glauben eingegangen sind in die ewige Welt Gottes. Bei der Fertigstellung der Kirche waren diese Gestalten nur angedeutet, der Architekt Hopp selber hatte vier von ihnen angefertigt, während die Ehrung für 8 Gestalten vorgesehen war. Wir hatten damals nicht gehofft, daß diese Sache so schnell zum Abschluß gebracht werden könnte. Der vorbildliche Bau aber hat den Herrn Minister für Wissenschaft, Erziehung und Volksbildung veranlaßt, der Kirche diese große und schöne Stiftung zu machen. Mit der Ausführung der Arbeit wurde der Berliner Bildhauer Mettel beauftragt. Dieser war in diesem Jahr öfter in Born, um sich in die Kirche hineinzuleben, er hat seine ganze Arbeitskraft im letzten Jahr an sein Werk gesetzt, er hat sich mit Liebe in seine Aufgabe hineingelebt und hat uns die Gestalten einer Heldenehrung geschenkt, die einzigartig ist und sich dem Kirchenraum in seiner Eigenart trefflich einfügt. Da mag nun jeder sich in diese Gestalten hineinsehen, wie sie dort stehen.

Wenn man den Raum betritt, stehen zuerst an beiden Seiten die **Männer der Front**, die Soldaten unter dem stählernen Helm, mit dem entschlossenen Zug auf dem Antlitz, das Gewehr umklammernd. So blieben sie auf dem Felde der Ehre, dem Fahneneide getreu, wie die Pflicht es befahl. Als zweiter steht **der junge Kriegsfreiwillige**, der in lodernder Begeisterung auszog und nicht wiederkam, und **ihm gegenüber steht die Braut**, das junge Mädchen, das den Geliebten gefunden hatte, mit dem es den Lebensweg gemeinsam gehen wollte und das nun einsam geblieben ist sein Leben lang.
Als Dritter aber grüßt uns **der Bauer mit seinem Werkzeug, der sich losriß von seiner Scholle**, von Weib und Kind, der höheren Pflicht zu genügen, als

das Vaterland ihn rief, und **ihm gegenüber steht die Frau, die zur Witwe wurde,** mit ihrem Kinde, das eine Waise wurde. Sie muß nun ihre Sehnsucht tragen ihr Leben lang, und das Kind kann sich kaum erinnern, wieviel treusorgende Vaterliebe einst über ihm gewacht.

Und als letzte stehen **die Männer der See im Oelzeug, die kämpften auf Kreuzern und Ubooten** und dort in der Verteidigung des Vaterlandes den Seemannstod starben und irgendwo ruhen in den Wellentälern der Meere.

Das ist eine würdige Heldenehrung, vor der wir immer wieder stille werden wollen im Gedenken an die große Zeit, die so reich war an Opfer und Heldentum, aber auch so dunkel umschattet von Männertod und Frauenleid. Und wenn allmählich sich schon der Schleier des Vergessens senkt über das Geschehen jener Zeit, wenn die Jungen kaum noch ahnen, was für uns Ältere lebensvolle Wirklichkeit war, so wollen die Gestalten der Heldenehrung uns erinnern: „Vergiß, mein Volk, die teuren Toten nicht!“, sie wollen uns mahnen, des Opfers, das für uns gebracht wurde, uns immer wieder würdig zu erweisen, indem wir in heißer Liebe und selbstverständlicher Treue stehen zu unserem Vaterland und seinem Führer. Ich habe in diesen Wochen von den Fremden viele anerkennende Worte gehört über den Bau außen und innen. Wenn ich dann aber nach dem kirchlichen Leben gefragt werde und etwa die Meinung hören muß, daß die Kirche doch für Born zu klein sein müßte, und die Frage, wie ich mir die Vergrößerung des Baus dächte, tut es mir doch weh, daß ich sagen muß, das kirchliche Leben auf dem Darß läßt sehr viel zu wünschen übrig. Wenn doch die lieben

Borner begreifen möchten, was sie an ihrer Kirche haben!

Prerow, d. 7. August 1936. Lic. Pleß."[56]

20. August 1936. Sitzung des Gemeindekirchenrates in Prerow[57]. Das Protokoll vermerkt:
Top 4: „Als Hilfskräfte für *Arierforschungen* (nach Verfügung des Ministeriums) werden Frau Friedel Pleß und Frl. Maria Miwan bestimmt[58]."

---

[56] Der „Darßer Bote" ist von 1934 bis zum letzten Erscheinungsjahr 1941 (mit zwei Fehlausgaben) im Original erhalten im Pfarrarchiv Prerow

[57] Die Protokolle der Sitzungen sind erhalten im Pfarrarchiv Prerow und seit September 2019 weitgehend digitalisiert.

[58] Das ist ein sehr sensibler Punkt, denn die NSDAP verlangte für allerlei die sogenannten „Ariernachweise". Seit 1934 konnte jemand ohne „Ariernachweis" schon nicht mehr Beamter werden. Die Pfarrämter wurden deshalb mit Anfragen zur „Ahnenforschung" geradezu überschwemmt. Es gibt zahlreiche aufgehobene Briefe aus jener Zeit von einfachen Leuten an ihre Pastoren, ob sie nicht, obwohl die Unterlagen in den Kirchenbüchern fehlen, den Ariernachweis dennoch ausstellen könnten…..ganze Existenzen hingen an diesem Papier. Der Gemeindekirchenrat wird ab 1936 regelmäßig mit diesem „Büro für Arierforschungen" befasst sein. Die Gebühren-Einnahmen steigen aufgrund der vielen Anfragen dermaßen, daß Pastor Pleß sogar ein eigenes Konto dafür einrichtet. Frau Pastor wußte also durch ihre neue Beschäftigung sehr genau, wer in den Dörfern des Kirchspiels „Arier" war und wer nicht……

Nebenher sei notiert: Am 18. September 1936 tritt Forstmeister Franz Mueller-Darß tritt in die SS ein. Er bekommt die SS-Nr.: 277.284[59]. Mueller-Darß wird später zum persönlichen Stab des Reichsführers SS Heinrich Himmler gehören und im Wirtschafts- und Verwaltungsamt der SS in Berlin für die Ausbildung der „Diensthunde" zuständig sein, deren Aufgabe es auch ist, die Konzentrationslager zu bewachen.

1937

22. Februar 1937. Sitzung des Gemeindekirchenrates[60]
Top 2: „Der Gemeindekirchenrat erklärt sich damit einverstanden[61], daß das Pfarrgelände im Kirchenort in Prerow für ein *Zeltlager des Jungbanns 155* in der Zeit vom 26. 6.37 – 6.7.37 nur unter folgenden Bedingungen zur Verfügung gestellt wird:
1. *Das Gehölz darf nicht belegt werden*, der Baumbestand auch auf der übrigen Fläche darf nicht beschädigt werden dazu gehören auch die jungen Anpflanzungen
2. Für ordnungsmäßige Herrichtung von *Bedürfnisanstalten* an den von uns anzuweisenden Plätzen ist *vor* Belegung des Lagers Sorge zu tragen

---

59 Vgl. https://thirdreichpictures.blogspot.com

60 Die Protokolle sind erhalten im Pfarrarchiv Prerow

61 Wohl nur der Not gehorchend. Denn später wird sich Pfarrer Pleß in den „Memorabilien" genau über diese Lager beklagen. Auch darüber, dass gerade zu Gottesdienstzeiten die Fanfaren bliesen……

3. Wegen der schwierigen Trinkwasserverhältnisse (Seitenwechsel zu 180 im Original) kann von uns die Versorgung mit *Trinkwasser wie in den Vorjahren* nicht übernommen werden.
4. Die *Störung des Gottesdienstes* und der kirchlichen Handlungen darf unter keinen Umständen vorkommen, die gottesdienstlichen Zeiten sind beim Pfarrer zu erfragen
5. Der *Durchgang zum Strand* muß für den Badeverkehr unter allen Umständen freigehalten werden
6. Vor *Verlassen des Lagerplatzes* ist derselbe in ordnungsmäßigem Zustand zu versetzen. Diese Bedingungen sind schriftlich anzunehmen."[62]

Der „Darßer Bote", also das Mitteilungsblatt der evangelischen Kirchgemeinde in Prerow, das an 450 Haushalte im Kirchspiel verteilt wurde, meldet nun in seiner Nr. 2 (Februar-Ausgabe) einen neuen Text für das **Gelöbnis der gewählten Kirchenältesten**. Man hatte nun zu sagen:

„....Ich bin mir bewußt, daß ich um meines kirchlichen Amtes willen meine Pflichten gegenüber Volk und Reich und *gegenüber dem Führer und Reichskanzler*, als der mir gesetzten Obrigkeit, mit besonderer Treue zu erfül-

---

[62] Pastor Pleß musste sich wiederholt mit der HJ herumschlagen, die ihre großen Zeltlager auf der Pfarrwiese abhielt. Aus dieser hier abgedruckten Notiz kann man im Umkehrschluss schließen, wie die Zustände bei den Lagern der HJ bislang gewesen sein müssen…..Hervorhebungen im Text: U.K.

len habe…..“[63]

Sommer 1937 Die Sommersaison bringt vor allem Urlauber, die über die nationalsozialistische Organisation „Kraft durch Freude“ (KdF) zu Tausenden auf den Darß gebracht werden. Privaturlauber haben es nicht leicht, noch Quartier zu finden. Und jeder wird ohnehin nicht genommen:
„Prerow wünscht keine Juden am Strand während der Saison:

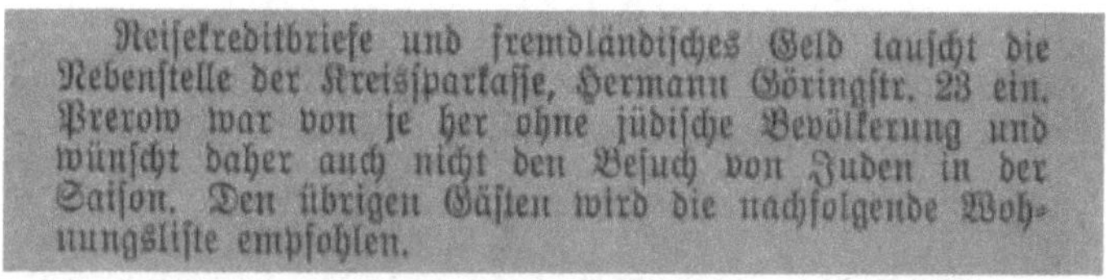
Reisekreditbriefe und fremdländisches Geld tauscht die Nebenstelle der Kreissparkasse, Hermann Göringstr. 23 ein. Prerow war von je her ohne jüdische Bevölkerung und wünscht daher auch nicht den Besuch von Juden in der Saison. Den übrigen Gästen wird die nachfolgende Wohnungsliste empfohlen.

Aus dem Unterkunftsprospekt für Urlauber in Prerow aus dem Jahre 1937. Quelle: Archiv Universität Greifswald

Im Jahre 1937[64] sind in Prerow längst die wichtigsten Straßen im Ort nationalsozialistisch umbenannt worden, wie der Stadtplan zeigt:

[63] Darßer Bote, Februar 1937, Pfarramtsarchiv Prerow

[64] Wahrscheinlich erfolgte die Umbenennung der Straßen schon sehr früh, evtl. schon 1934

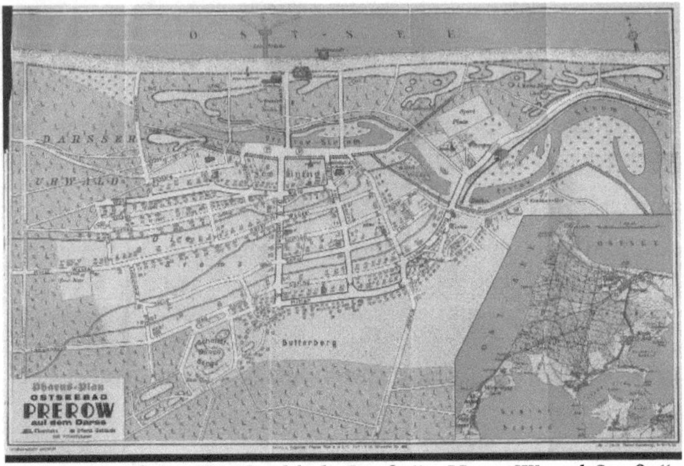

„Hitler-Straße“; „Dr. Goebbels-Straße“, „Horst-Wessel-Straße“ und so weiter und so weiter.
Quelle: Online-Archiv der Universität Greifswald. In der online-Ansicht gut vergrößerbar, so daß die Straßennamen sichtbar werden.

Saison 1937. Vor dem Dünenhaus in Prerow weht wieder die Fahne des „Dritten Reiches“. Sie weht am Strand von Prerow schon seit 10 Jahren, seit 1927.....

Dünenhaus am Strand
Quelle: Universität Greifswald

12. August 1937 Sitzung des Gemeindekirchenrates (S. 183)[65]. Wieder gibt es *Ärger mit der Hitler-Jugend*:
Top 5: „Der Gemeindekirchenrat beschließt, den Lagerführer des Jungvolks aufzufordern, dafür zu sorgen, dass das Tor und der Turm auf der Pfarrwiese sofort entfernt werden[66]

1937 gibt es auch zunehmende Spannungen zwischen Pastor Pleß und Franz Mueller-Darß:
„Aber leider hat der erfreuliche Neuanfang des kirchlichen Lebens sehr bald nachgelassen.
Nur 2 Jahre kamen sie mit Fahnen auf dem Darss in die Kirchen, dann hörte es auf; es galt als rückständig, man redete von einem neuen deutschen Glauben. Der Forstmeister zudem, der sich um das Amt des Kirchenältesten gerissen hatte, der die Luthereiche bei der Küsterei geweiht hatte, der bei der 450 Jahrfeier Luthers sich sehr bemüht hatte – es war am Abend ein voller Saal im Zentralhotel – legte sein Amt als Patronatsältester nieder, nachdem er von Wartin[67] (Schulungsburg) zurückgekommen und dort wie er sagte, anders ausgerichtet war“.
Pleß fährt in seiner Klage fort:
„Im Sommer 1937 legt auch der Hauptlehrer Raetz in

---

[65] Erhalten im Pfarrarchiv Prerow. Die Seitenangabe bezieht sich auf das Original

[66] Man hatte das Lager offensichtlich eingezäunt, mit einen Tor versehen und einen Wachturm errichtet……

[67] Gauführerschule Wartin (Uckermark): https://de.wikipedia.org/wiki/Gauf%C3%BChrerschule

Born sein Amt als Kirchenältester nieder, er will nicht mehr aktiv für die Kirche arbeiten. Ein halbes Jahr vorher hat er sich noch um das Organistenamt in Born beworben, da er eine bessere Musik liefern wollte als der arme Wismer. Das ist kollegial!!! Nach der Besichtigung in der Schule hat er seinen Antrag freiwillig wieder zurückgezogen. Wie sagt der alte Fritz: ihr kennt die verdammte Masse nicht. (aus Angst zusammengesetzt) O tempora, o mores!"[68]
Und die Enteignungen im Zusammenhang mit dem Naturschutzgebiet machen der ehemaligen Freundschaft zwischen Pastor und Forstmeister endgültig ein Ende:
„Bei den Enteignungen zum Zweck des Naturschutzgebietes und Urwildforstes Darss sollte auch die Pfarrwiese enteignet werden, das Futter war schon gezogen durch den Forstmeister und es blieb uns nur 1/3. Durch Verhandlungen des Konsistoriums mit einer Besichtigung an Ort und Stelle an der der ….forstmeister Hütte (?) aus Berlin teilnimmt, bleibt uns die Weide, das Futter muß zurückgenommen werden. Nur ein Austausch der Küsterwiesen findet statt. Dabei geht freilich das Einvernehmen mit dem Forstmeister leider in die Brüche."[69]

---

[68] Memorabilia, Pfarrarchiv Prerow

[69] Memorabilia, Pfarrarchiv Prerow. Die Handschrift von Dr. Pleß ist leider sehr schlecht zu lesen, weshalb im Text kleinere Lücken bleiben mussten.

1938 Kriegsvorbereitungen auch auf dem Darß

23. Februar 1938 Sitzung des Gemeindekirchenrates (187)[70]

Top 12: „Es wird beschlossen, die eingegangenen Gebühren der *Arierforschung* für einen Ofen im Amtszimmer zu verwenden, wobei die Hilfskräfte auf ihre Entschädigung verzichten."[71]

---

[70] Pfarrarchiv Prerow; die Seitenzahl bezieht sich auf das dort vorliegende Original der Sitzungsprotokolle

[71] Aus heutiger Sicht eine mehr als bedrückende Notiz: denn von den „Ariernachweisen" hingen ganze Existenzen ab. Wer nicht nachweisen konnte, dass er „Arier" war, konnte bestimmte Berufe nicht mehr ausüben, durfte nicht heiraten (Verbot von Mischehen) oder konnte sogar im KZ landen. Um den Nachweis zu erbringen, wandten sich die Menschen an die Pfarrämter, weil dort die wertvollsten und genauesten Urkunden lagern, die einen Abstammungsnachweis ermöglichen. Dafür kassierten die Pfarrämter Gebühren, die sie dann z.B. in „einen Ofen" investierten.

Luftwaffen-Übungsplatz Zingst am 13. Juni 1938
(v. l. n. r.: Keitel, Hitler, Göring und Udet, ganz rechts Raeder)

[91] *Stadt- und Landbote Ribnitz* vom 15. u. 18.6.1938.

Die Sundische Wiese östlich von Zingst wird 1938 zum Truppenübungsplatz für die Luftwaffe. Davon ist die Bevölkerung auf dem Darß massiv und sehr direkt betroffen. NSDAP und Militär sagen immer unnachgiebiger, wo es lang geht. Mit der schönen Ruhe an der Ostseeküste ist es auch vorbei…..

Auch in der Saison dieses Jahres wehen am Strande von Prerow, wie schon seit 1927(!), die Hakenkreuzfahnen.

Der Konflikt zwischen NSDAP und Kirche verschärft sich: „ Aber die kirchliche Lage wird immer schwieriger, die Lage und Stellung des Pastors äußerst bedrängt. Ein **Ortsgruppenleiter Wegner**, der aus Berlin auf dem Darss kommt und zuerst Bürgermeister in Wieck, dann Amtsvorsteher auf dem Darss und Bürgermeister in Prerow ist, hat sich das Ziel gesetzt, mög-

lichst alle, wie er sagt, aus der Kirche herauszuholen. Durch die schlimme Hetze, an der die S.A. = die NSDAP aktiv beteiligt sind, kommen im Jahre 1938 im Durchschnitt 69 Kirchenaustritte zustande, auch 1939 sind es noch 28, selbst in dem Kriegsjahr noch 14"[72] klagt der Pastor und fährt fort:
„Über die persönlichen Kämpfe, die ich da auszustehen habe, will ich nicht viel sagen. Sie werden besonders schwer durch das Zelten der H.J. auf unserer Kirchenwiese. Fanfarenblasen während der Gottesdienste, uns wird der Übergang zum Strande gesperrt. Große Umzüge während der Gottesdienste, selbst am Konfirmationstag an der Kirche vorbei, Parteiversammlungen natürlich während des Gottesdienstes in Prerow und in Born."[73]
Man kann den armen Pastor verstehen, wenn er sich mit seinen Veranstaltungen gestört fühlt durch die Hitlerleute und ihren Lärm. Sein Zeugnis sagt aber zusätzlich auch noch etwas aus über das „Parteileben" jener Jahre: da war nämlich, wie man erkennen kann, ordentlich „Remmidemmi" im Dorf Prerow an der Ostseeküste. …

Der 9. November 1938 bringt ein gewaltiges Pogrom im ganzen Reich. Überall werden jüdische Geschäfte zerstört, Inhaber überfallen, willkürlich geschlagen, verhaftet und in KZs gebracht. Überfälle gibt es auch in Barth[74]. Die Zeitungen berichten ausführlich, dafür

---

[72] Memorabilia Dr. Pleß, Pfarrarchiv Prerow

[73] Memorabilia Dr. Pleß, Pfarrarchiv Prerow

[74] Vgl. Franz Wegener, Barth im Nationalsozialismus

sorgt Goebbels in Berlin. Sein perfides „Argument“ lautet: die „Provokationen der Juden“ hätten dermaßen überhand genommen, daß sich „das deutsche Volk“ nun endlich hätte wehren müssen…..Deshalb wird man wenig später den Juden im Reich die sogenannte „Juden-Buße“ auferlegen: sie mussten von ihren Steuervorauszahlungen die eingetretenen Schäden an ihren Geschäften selber bezahlen. Der NS Staat nahm durch diese von Göring erfundene „Juden-Buße“ mehr als 1 Milliarde Reichsmark ein.

1. September 1939 Deutscher Überfall auf Polen. Beginn des Zweiten Weltkriegs.

Anfangs ist der Krieg weit weg. Aber er bedeutet eben auch die Umstellung der zivilen Wirtschaft auf die Kriegswirtschaft. Für die Menschen auf dem Darß bedeutet er zunächst: Verdunkelung der Häuser abends und nachts; Lebensmittelkarten, Bezugsscheine für Kohlen und Kleidung. Das Leben wird noch komplizierter. Pleß notiert:
„Dann kommt der 2. Weltkrieg. Die Dinge sind ja bekannt. Anfangs rauschende Siegesmeldungen, Blitzkrieg! Fanfarengeschmetter im Rundfunk. Die ersten Gefallenenmeldungen in Gedenkfeiern in den Kirchen. Ihre Namen finden sich im Sterberegister, soweit sie bekannt geworden sind und ganz sicher auch im „Prerower Boten“.“[75]

---

[75] Memorabilia, Pfarrarchiv Prerow

1940 Das erste Kriegsjahr

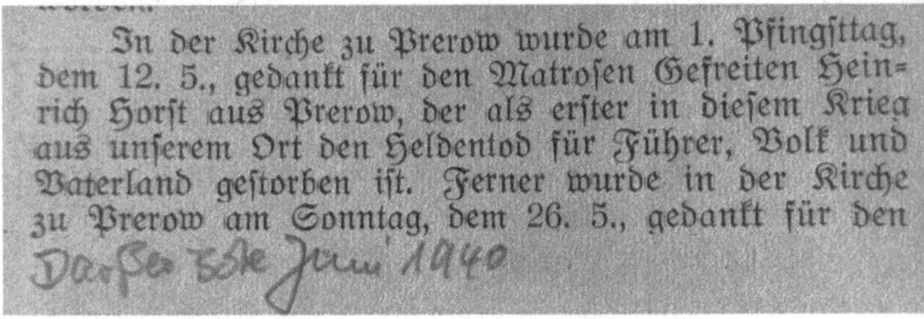

In der Kirche zu Prerow wurde am 1. Pfingsttag, dem 12. 5., gedankt für den Matrosen Gefreiten Heinrich Horst aus Prerow, der als erster in diesem Krieg aus unserem Ort den Heldentod für Führer, Volk und Vaterland gestorben ist. Ferner wurde in der Kirche zu Prerow am Sonntag, dem 26. 5., gedankt für den

Darßer Bote Juni 1940

Der erste Tote des Zweiten Weltkrieges aus dem Kirchspiel Prerow: Heinrich Horst.
Quelle: Darßer Bote, Juni 1940; Pfarrarchiv Prerow

August 1940: Die „kirchlichen Gedenkfeiern“ für Gefallene sind nun schon fester Bestandteil des Alltagslebens auf dem Darß geworden:

am 22. 7.

Kirchliche Gedenkfeiern Darßer Bote August 1940

wurden gehalten für folgende Soldaten, die ihrem Fahneneide getreu für Führer, Volk und Vaterland gefallen sind:

Am 7. 7. wurde gedacht des Soldaten Rudolf Lockenvitz aus Prerow, der auf dem Vormarsch im Westen am 19. 6. während einer Mittagsrast beim Baden ertrunken ist. Am 3. 7. wäre er 22 Jahre alt geworden. Wir hatten gehofft, er solle die Stütze der Mutter sein, wenn er aus dem Felde zurückkehre, da ja in diesem Hause sowohl der Vater als auch die Großmutter schwer krank liegen. Gott hat es anders gefügt, vor ihm beugen wir uns, des Soldaten aber gedenken wir in Dank und Trauer. Am 7. 7. wurde ferner gedankt für den Soldaten Albert Waterstraat in Ahrenshoop, der im Alter von 25 Jahren am 24. 6. zusammen mit seinem Kompaniechef sein Leben für uns gab und in Plouvain bei Arras zur letzten Ruhe gebettet ist. Der tapfere Soldat, der dankbare Sohn, der liebe Bruder und fleißige junge Mann lebt unter uns fort. Am 14. 7. wurde eine kirchliche Gedenkstunde gehalten für den Feldwebel Hermann Wendel, der, 30jährig, am 9. 6. an der Spitze seines Zuges bei der Erkämpfung des Ueberganges über die Aisne gefallen ist. Ihm wird das Zeugnis ausgestellt, daß er durch stete Einsatzbereitschaft und gleichbleibend frohe Dienstauffassung ein Vorbild war. In der Kirche zu Prerow hatte er einst vor dem Traualtar gestanden mit seiner jungen Frau, in unserem Taufgestühl sind seine beiden Kinder getauft. Nun läuteten unsere Glocken für ihn zum letzten Male, als wir seiner gedachten.

Mit dankbarem Stolz gedenken wir dieser drei Helden, die das Opfer ihres Lebens für die Zukunft des Großdeutschen Reiches und für uns alle brachten. Wir sind gewiß, daß diese Opfer nicht vergeblich sind, halfen sie doch die großen, glorreichen Siege mit erfechten. Uns aber sind sie Vorbild und Ansporn, daß wir, jeder an seinem Platz, alles einsetzen bis zum Endsieg.

Darßer Bote August 1940, Pfarrarchiv Prerow

Den Wechsel von **1940 zu 41** beschreibt Pastor Pleß so:
„1940 auf 41 müssen wir 3 *Glocken* abgeben; aus **Prerow, Wieck** und **Born** je eine und zwar die Größte. Auch andere Gegenstände aus Bronze oder Messing geben wir her, nur die Dinge, die hohen Kunstwert haben, dürfen wir behalten.
Als dann der Krieg gegen Rußland beginnt, werden die Verlustziffern auch aus der Gemeinde immer größer. Die Dinge sind ja bekannt. *Stalingrad* ist die Wende und nun beginnt der allmähliche Rückzug. Es wird immer schwerer. Die anglo-amerikanischen *Bomber*, die Stettin, Peenemünde, Anklam u.s.w. angreifen, *überfliegen bei Tag und Nacht auch den Darß.*“[76]

1941 Das erste KZ-Außenlager in Wieck

Januar 1941. In **Wieck** werden 50 männliche Häftlinge aus dem KZ-Neuengamme zum Reetschneiden untergebracht. Sie „wohnen“ im Alten Krug[77] . Bis auf den Koch und den Lagerältesten handelte es sich um Zeugen Jehovas. Ende Februar 1941 wurden die Häftlinge nach Neuengamme zurückgebracht[78].

[76] Memorabilia, Pfarrarchiv Prerow, S. 60

[77] Quelle: Gespräch mit dem Ortschronisten von Born, Holger Becker vom 7. Oktober 2019, in dem er sich auf sein Gespräch mit der Tochter des Inhabers vom Alten Krug bezieht.
Mein Gespräch mit Holger Becker ist als MP3 **akustisch dokumentiert** auf meiner Seite: https://soundcloud.com/ulri-1/kz-ausenlager-wieck-der-alte-krug-wenn-haftlinge-wiecker-kinder-arztlich-versorgen

[78] Quelle: Dokument 010 853 im Ortsarchiv Born

Ehemalige Häftlinge berichten über dieses Außenlager[79]:
„SS Kommandoführer Jauch, Stellvertreter: Wiehagen, Postenführer: Braun); Kapo: Kreft.
Karl Hanl, der im Rahmen eines am 23. 1. 41 aus Dachau überstellten 484 Mann Transportes zusammen mit 30 Zeugen Jehovas nach Neuengamme überstellt wurde, berichtete davon, daß wenige Tage nach seiner Ankunft in Neuengamme der erste Einsatz auf Darß erfolgte. Einige aus seinem Transport, darunter auch er, erhielten holländische Uniformen und wurden per LKW nach Darß nachgeschickt. Dort mußten 50 Zeugen Jehovas (und als oberster Kapo ein politischer Häftling mit dem Spitznamen Knubbel) im Wasser stehend Schilf schneiden.
EB Karl Hanl (17.6.87) sowie EB Karl Hanl 24.11.87“

„Beim ersten Mal (**Winter 40/41**) war Ernst Wauer nicht mit auf dem Darß. Aus den Erzählungen von anderen weiß er, daß es dort sehr schlimm gewesen sei. Es habe viele Erfrierungen gegeben, vielleicht auch einen Toten“. (EB Ernst Wauer 29.5.86)

Postenführer sei beim ersten Mal ein SS-Hauptscharführer Namens Braun gewesen. Als die Häftlinge nach Ansicht Brauns zu wenig Rohr geschnitten hatten, hat er sie einmal durch die Dünen gejagt, sie gescheucht und über sie hinweggeschossen. Er sei daraufhin ausgelöst worden, weil der SS es peinlich gewesen wäre, daß außerhalb des Lagers solche Dinge passierten. Die SS habe Bibelforscherhäftlinge

---

[79] Dokument 010853 im Ortsarchiv Born

auf dem Darß eingesetzt, weil sie wußten, daß die Zeugen Jehovas nicht fliehen und deshalb die SS mit weniger Bewachung auskomme. (EB Ernst Wauer 29.5.86)

Er (Alfred Knegendorf) war mit mir zusammen abkommandiert worden nach Prerow, Zingst, Darß. Dort mußten wir, im Eiswasser stehend, Rohr schneiden. Wir trugen dabei absichtlich wasserdurchlässige Stiefel und dieses monatelang.
(Ernst Schneider, eidesstattliche Erklärung vom 24. 5. 57; AfW HH, 220305, Bl. 94).

Karl Hanl (war beim 2. Mal wegen Krankheit nicht mehr dabei):
„Das Wasser am Ufer war zugefroren, das Eis trug aber nicht immer. Der Kommandoführer gab Hanl einmal den Befehl, zu einer bestimmten Stelle hinzugehen, wobei Hanl nicht wußte, daß das Eis dort nicht trug. Er brach ein. Es gelang ihm, aus eigener Kraft wieder herauszuklettern. Mit seiner nassen Kleidung mußte er aber noch den ganzen Tag weiter arbeiten. In den nächsten Tagen hatte er schweres Fieber".
(EB Karl Hanl, 17.6.87)

Auf diese Weise kam es natürlich zu Unterkühlungen. Es gab Erfrierungen, unerträgliche Bedingungen.
„Die Gefangenen arbeiteten dort mit völlig unzureichender Bekleidung den ganzen Winter über im Freien. Dabei mußten sie zum Schilfrohrschneiden .... im eiskalten Wasser stehen. (Schilfrohr schneidet sich am besten, wenn es gefroren ist). Der Kapo Kreft,

einer der schlimmsten Funktionshäftlinge[80] des Lagers, verrichtete sein Amt ganz im Sinne der SS."
(Herrmann Kaienburg, S. 39).

„Es wird auch davon berichtet, daß Lütkemeyer sich mit dem Rohr sein Haus habe decken lassen. EB Hermann Schemmel (1986); EB Richard Rudolph (9.9.86)".

---

80 Neben der Organisationsstruktur der SS-Lagermannschaft entstand mit den „Funktionshäftlingen" eine zweite Lagerhierarchie, die die große Zahl der Häftlinge kontrollierbarer, beherrschbarer machte. Durch diese Häftlingsgruppe wurden SS-Personal und Kosten eingespart. Zur Gruppe der Funktionshäftlinge zählten bis zu zehn Prozent der Lagerinsassen. Verglichen mit heutigen Haftanstalten konnte das NS-Regime die Anzahl des SS-Personals, das unmittelbar Kontakt mit den Häftlingen hatte, sehr niedrig halten. Ohne die Funktionshäftlinge hätte die SS-Lagerleitung nicht den reibungslosen Ablauf des Lageralltags sichern können.
Zum anderen delegierte die SS einen Teil ihrer Macht an die Funktionshäftlinge. Sie ließ diese als verhasste Handlanger erscheinen. Das entsolidarisierte die Häftlingsgruppen untereinander, was zu deren weiterer Spaltung führte. Unter den verschiedenen Nationalitäten wie auch zwischen den vielen Häftlingsgruppen (vgl. Kennzeichnung der Häftlinge in den Konzentrationslagern) entstanden Spannungen. Nachgerade ein Topos ist die Brutalität der „kriminellen Kapos", der Funktionäre aus dem Kreis der „Berufsverbrecher", die wegen ihrer Kennzeichnung auch „Grüne" genannt wurden. Manche der Funktionshäftlinge standen den Schergen der SS in Brutalität nicht nach, andere versuchten Mitgefangene zu schützen. vgl. Wikipedia „Funktionshäftlinge". Vgl. auch: Natalja Jeske, Das KZ-Außenlager Barth, a.a.O. s. 85 „Funktionshäftlinge".

Am **11. Juni 1941** wurde das Forstamt Born per Erlass zum Staatsjagdrevier erklärt. Mueller-Darß führt künftig *hochrangige Delegationen zur Jagd* im Darß.

Dezember **1941** (bis April 1942). Die SS errichtet bei **Zingst** (Sundische Wiese) erneut ein **KZ-Außenlager von Neuengamme.** 50 männliche KZ-Häftlinge (mit zwei Ausnahmen allesamt Zeugen Jehovas) sind zum Reetschneiden eingesetzt[81]. Da das Stammlager wegen Fleckfiebers „unter Quarantäne" stand, blieben die Häftlinge diesmal länger – bis April 1942.

II. Einsatz: Winter 1941/42 (= Dez. 1941 - April/Mai 1942)

SS Kommandoführer: Wiehagen Jauch, Postenführer: Paulsen)

Kapo: Kreft, Koch: Michel Müller

Unterbringung: vermutlich Kuhstaal in Zingst

Angaben aus Häftlingsberichten:

Im darauffolgenden Winter 1941/42 war Karl Hanl nicht mit auf Darß (nur bei diesem Mal sei Michael Müller als Koch dabeigewesen). Zu der Zeit sei im Stammlager ein oberschlesischer Glaubensbruder auf Vernichtungstransport geschickt worden. Während der Lagerquarantäne, die wegen der Flecktyphus-Epidemie verhängt worden war, konnte Karl Hanl eine Augenkrankheit ausheilen. Vgl. EB Karl Hanl (24.11.87).

Ernst Wauer: Als im folgenden Winter wieder 30 Bibelforscher zum Darß sollten, wollten einige Glaubensbrüder auf keinen Fall mit. Sie blieben im Stammlager. Zwei oder drei seien dann der Fleckfieber-Epidemie zum Opfer gefallen, die im Frühjahr 1942 im Lager, das unter Quarantäne stand, grassierte. Ernst Wauer meldete sich hingegen „freiwillig", „aber nicht, um begeistert diese Arbeit zu unterstützen, sondern meinen Brüdern ein mutiges Beispiel zu geben, daß wir uns Jehovas Führung anvertrauen und es darum anders als das erste Mal ausgehen kann (Spr. 3:5,6)." Auf dem Darß sei es dann beim dem zweiten Mal ganz anders gewesen. Obgleich auch beim zweiten Mal ein Schneesturm tobte und ein Dorf frei geschaufelt werden mußte, gab es keine Erfrierungen. Die SS habe nicht mehr so stark getrieben. Eine große Erleichterung war auch der Griffapparat, den der Glaubensbruder Tischer ausgedacht hatte. Das Rohr mußte mit Draht gebündelt werden. Dabei gingen gewöhnlich die Handschuhe kaputt und es kam leicht zu Verletzungen der Hand und in der Folge zu Erfrierungen der Finger. Mit dem Griffapparat passierte dies nun

---

81 Quelle: Dokument 010 853 im Ortsarchiv Born. Dieses Dokument fasst mehrere Häftlingsberichte zusammen.

nicht mehr. Der Kapo Knubbel (Kreft, ein Kommunist, neben dem Koch Michel Müller der einzige politische Häftling im Darß-Kommando) mußte die Griffe genehmigen. Da er dies zuerst ablehnte, praktizierten die Bibelforscherhäftlinge eine Art passiven Widerstand. Sie arbeiteten langsam. Erst als Knubbel die Griffe akzeptierte, gaben sie diese Haltung auf. Auch sonst habe sich Knubbel auf Darß im Vergleich zu sonst zurückgehalten. EB Ernst Wauer (29.5.86).

Die Zahl der während der Fleckfieberepidemie ums Leben gekommenen Bibelforscherhäftlinge wäre vermutlich noch höher gewesen, wenn nicht zu jener Zeit eine größere Gruppe von Neuengammer Bibelforscherhäftlingen – die Angaben schwanken zwischen 30 und 48 – zum Schilfrohrschneiden auf die Ostseehalbinsel Darß abkommandiert gewesen wäre. Diese Häftlinge wurden erst nach Ablauf der Quarantäne, unter die das Lager gestellt worden war, nach Neuengamme zurückverlegt; ihre Abkommandierung und die Verschonung vor der Epidemie empfanden sie als eine Fügung Gottes.

Michael Müller, geb. 25.10.91, Hamburger Kommunist, von Beruf Schlachter, am 11.4.33 verhaftet wg. VzH, seit 1933 in Konzentrationslagern, ab 26.9.41 im KZ Neuengamme (Klinkerwerk, Revier Wäscherei, Kapo Entlausung von 1942 bis Okt. 1944, anschließend AL Husum[1]/Sch. DR 6387): „Im Dezember 1941 kam ich mit 50 Häftlingen — ausschließlich Bibelforscher — auf ein Außenkommando, von dem ich erst wieder im Mai 1942 in das Stammlager Neuengamme zurückkam." (Michael Müller, Bericht vom 8.12.45 [„Bericht über die politische Arbeit der Genossen im Konzentrationslager Neuengamme vom 9.1941 - Mai 1945"]; FGN, NHS 13-7-0-2).

„Im Dezember 1941 wurde ich zusammen mit 600 Bibelforschern zu dem Außenlager Wik auf Darß bei Greifswald in Pommern verlegt. Ich wurde dort als Chefkoch eingesetzt. Die Häftlinge lagen in einem ehemaligen Tanzsaal des Ortes. Lagerführer war der Ustuf. Griem. Außer ihm waren etwa 10 - 12 SS-Leute mit, die zur Bewachung eingesetzt wurden. Die Häftlinge mußten den Winter über Schilf schneiden, welches zu dem Frauenlager Ravensbrück gebracht wurde, wo es zu Tarnmatten verarbeitet wurde. Die Zustände in dem Außenlager waren gut. [Sw] Wir hatten reichlich Verpflegung. Der Ustuf. Griem hat sich dort, soweit mir bekannt ist, keine Übergriffe zuschulden kommen lassen. Wir blieben dort bis Ende April 1942 und kamen dann nach Neuengamme zurück. Nach der Rückkehr wurde ich in die Strafkompanie versetzt, weil ich in Wik auf Darß mit der Köchin gesprochen hatte." Aussage am 16.8.65 vor einer Sonderkommission, LG HH, StA 147 Js 39/66, Band I, Bl. 191 f. (Verfahren gegen Griem/DhN, Ng. 9.2.6)[2]

Einen Tag später korrigiert sich Müller: „Ich habe heute nacht über die gestrige Vernehmung noch einmal nachgedacht und dabei fiel mir ein, daß das Außenlager Wik auf Darß nicht von dem Ustuf. Griem, sondern von dem Hauptscharführer Wiehagen geleitet wurde. Jedoch kann ich auch dieses nicht mit letzter Sicherheit sagen. Wiehagen bzw.

---

[1] "Ich wurde in Husum von Griem wieder als Chefkoch eingesetzt, obwohl es von der Lagerleitung in Neuengamme bestimmt war, daß ich wegen eines Vorkommnisses in der Desinfektion — ich hatte mehr Wäsche als angeordnet war, an die Bibelforscher gegeben — nur zu schweren Außenarbeiten eingesetzt werden sollte." Aussage am 16.8.65 vor einer Sonderkommission, LG HH, StA 147 Js 39/66, Band I, Bl. 192 (Verfahren gegen Griep/DhN, Ng. 9.2.6).

[2] Zur Einweisung Müllers in die SK heißt es bei Hermann Kaienburg: "So etwa berichtete der 1941/1942 im Außenlager Darß als Küchenkapo tätige M. Müller, daß der Lagerälteste im Mai 1942 zur Schikane seine Einweisung in die SK unter dem Vorwand erwirkte, er habe im Außenlager eine persönliche Beziehung zur Köchin gehabt."

010853

derjenige SS-Führer, der Leiter des Außenlagers Wik auf Darß war, hat sich keine Übergriffe gegenüber den Häftlingen zu Schulden kommen lassen." Aussage am 17.8.65 vor einer Sonderkommission, LG HH, StA 147 Js 39/66, Band I, Bl. 195 (Verfahren gegen Griem/DhN, Ng. 9.2.6)

Unterbringung: Bei zweiten Mal habe die SS den Gaststättensaal in Wieck nicht mehr erhalten. (Laut R. Rudolph war die SS dort wegen des Reetabbaus nicht sehr wohl gelitten). Deshalb sei die Unterbringung in einem Kuhstaal in Zingst, dem östlichen Teil der Halbinsel, erfolgt. Da dieses Gebiet als Bombenversuchsgelände [von Peenemünde ?] diente, stand der Bauernhof, den die SS in Beschlag nahm, leer [war evakuiert]. Geschlafen wurde auf Stroh. EB Richard Rudolph (9.9.86).

„Wir waren auf einem Saal untergebracht. Das erste Mal waren wir in Wieck auf Darss in einer Gaststätte untergebracht. [...] Und das nächste Mal bekamen wir die nicht mehr. Und da haben sie uns in Zingst in einem Kuhstall untergebracht. In Zingst das war Bombenversuchsgelände. Da lagen überall Zementbomben rum. Und da hatten sie den Bauern evakuiert. Und da war das Bauernhäuschen, ein kleines Häuschen. Und nur der Kuhstall war leer. Und in dem leeren Kuhstall waren wir untergebracht. War einfach nur Stroh reingebracht und da lagen wir im Kuhstall wie die Kühe nur auf Stroh. Und da gab es überhaupt nichts, kein Wasser, schier nichts. Und da haben wir uns das Wasser aus dem Bauernhäuschen geholt." EB Richard Rudolph (9.9.86).

Laut Richard Rudolph umfaßte die Wachmannschaft ca. 50 Posten. Er unterstreicht: für jeden Häftling einen Posten. Jauch sei Kommandoführer gewesen [?], Wiehagen Vertreter. EB Richard Rudolph (9.9.86).

Zum SS-Postenführer Paulsen:

Johannes Paulsen:

SS-Oberscharführer, geb. am 11.12.1890, Hamburger

Von Weihnachten 1941 bis Mai 1942 auf Darß als Leiter der Wachmannschaft.

Vernehmung am 14.1.48 im Internierungslager Neuengamme, im gegen ihm vor dem Spruchgericht Bergedorf angestrengten Verfahren: „Von Weihnachten 1941 bis Mai 1942 ungefähr war ich von Neuengamme aus mit einem Kommando von etwa 30 Bibelforschern auf den Darß zum Schneiden von Schilfrohr. Kommandoführer war ich nicht, ich hatte die Wache unter mir. ... Ich habe nur später einmal von einer Epidemie gehört, die im Lager Neuengamme herrschte, während ich auf dem Darß war. Damals soll das ganze Lager gesperrt gewesen sein." (DhN, Ng. 9.2.4.4.d. [BA, Z 42 III 972, Bl. 21 Rs., Spruchgerichtsverfahren]).

Quelle: Dokument 010853 im Ortsarchiv Born. Es handelt sich offensichtlich um Unterlagen aus dem KZ Neuengamme, die als Abschrift im Ortsarchiv Born vorliegen. Das Dokument habe ich am 30. September 2019 in Born aufgenommen.

1942 Der Krieg kommt ins „Reich“ zurück

In Born werden **in der Oberförsterei** weibliche KZ-Häftlinge aus Ravensbrück stationiert:

Detaildarstellung (Auswahl)

Außenlager des Konzentrationslagers Ravensbrück

Nummer	1020
Ort	**Born**
Bezeichnung	
Gebiet	Preußen (Provinz Pommern)
Eröffnung	Winter 1942/43 (erste Erwähnung)
Schließung	
Deportationen	
Häftlinge	
Geschlecht	Frauen
Einsatz der Häftlinge bei	
Art der Arbeit	Schilfschneiden für Matten
Bemerkungen	Die Häftlinge waren auch in Zingst zur Arbeit eingesetzt.
Markierung	Lager anzeigen
Literaturverweise	Benz/Distel 4 2006, S. 534-535 ITS 1979 (Standardreferenz)

Quelle: http://deutschland-ein-denkmal.de

Im Dokument „Zeitzeugin Marianne Ehlert“, ist ebenfalls von *gefangenen Frauen in der Oberförsterei* die Rede[82]. Im Frühjahr 1942 beginnt die **britische** Royal Airforce mit massiven Flächenbombardements deutscher Städte. Vom 24. bis 27. April 1942 wird Rostock schwer bombardiert[83].

82 Vgl. https://soundcloud.com/ulri-1/zeugin-marianne-ehlert-born

83 Vgl. Natalja Jeske, Das KZ-Außenlager Barth, a.a.O. S. 25 f.

1943 Der Krieg ist verloren

Januar 1943: Goebbels ruft in der berüchtigten „Sportpalst-Rede“ den „Totalen Krieg“ aus. Volkssturm-Einheiten werden aufgestellt. Von den im „Volkssturm“ eingezogenen 16-65 jährigen Männern wird man später sagen „Hitlers letztes Aufgebot“.
6.4.1943: Greifswald hat den ersten Fliegeralarm.

29. 7. 1943. Die **US**-Airforce fliegt ihren ersten Luftangriff auf Rostock. Die Heinkel-Flugzeugwerke begannen mit der Verlagerung ihrer Produktion u.a. nach Barth.[84] Der Krieg kommt dem Darß immer näher. Bombardements von Barth und des Darß blieben aber weitgehend aus, weil gleich neben den Flugzeugwerken Barth ein den Alliierten bekanntes Kriegsgefangenenlager (Stalag Luft I) eingerichtet war und die dortigen Kriegsgefangenen völkerrechtswidrig faktisch wie „Schutzschilde“ für die militärischen Anlagen in Barth wirkten.[85]

---

84 Vgl. Natalja Jeske, Das KZ-Außenlager Barth, a.a.O. 26 f.

85 Vgl. dazu Natalja Jeske, Das KZ-Außenlager Barth, a.a.O. 25

1944 KZ-Außenlager in Born auf dem Darß

Frühjahr 1944: der „Borner Hof“ wird von der SS beschlagnahmt:

010927 24

Frau Albitius , Born , Hausfrau :

(Mann besaß die Gaststätte Borner Hof)

Ich kann nicht viel erzählen.Der Oberförster Mueller,der meinen Mann nicht gut leiden konnte,verfügte,daß in unserem Saal ein Lager eingerichtet wurde.Es war im Frühjahr 1944.Im Saal standen die Betten zu dreien übereinander.Die Fenster waren alle ver = gittert.Auf dem Hof stand eine Gulaschkanone.Die Bewachung er folgte durch SS - Posten mit Hunden.Persönlichen Umgang hatten wir nicht mit den Häftlingen,es war uns verboten.

Max Albitius war Mitglied der N.S.D.A.P.
seit 1933
geboren 2.4.1873 Gastwirt
Ehefrau Irene Albitius geb. 5.11.1881

Quelle: Ortsarchiv Born

Born wird damit zu einem KZ-Außenlager. Zunächst ist es noch klein: 15 Leute sind in der **SS-Meilerei** beschäftigt, wie der Köhlermeister Günter Sandstede später zu Protokoll geben wird. Die Gründung eines solchen „Außenlagers“ ist beschrieben bei Natalja Jeske:

„Ein Unternehmen, das an der Zuteilung von KZ-Häftlingen interessiert war, sollte seinen Arbeitskräftebedarf beim WVHA anmelden und die Unterkünfte für Häftlinge in unmittelbarer Nähe melden und die Arbeitsstelle sowie Sicherheitsvorkehrungen in den Produktionsstätten nachweisen. Das WVHA begutachtete diese und, falls daran nichts auszusetzen war, erteilte die Genehmigung zur Überführung der Häftlinge in ein Außenlager, das einem als Stammlager bezeichneten Konzentrationslager unterstellt war. Die Beauftragten einiger Firmen bekamen vom WVHA sogar die Erlaubnis, in den Lagern die für sie geeigneten Häftlinge selbst auszusuchen. Das jeweilige Stammlager übernahm den Transport der Häftlinge in das Außenlager und stellte das SS-Personal für dessen innere Verwaltung sowie eine Wachkompanie für die äußere Bewachung zur Verfügung. Da die Konzentrationslager aus dem staatlichen Etat finanziert wurden, gingen die Gebühren für den Häftlingsverleih über das WVHA in die Staatskasse. Sie betrugen ab dem 1. Oktober 1942 sechs Reichsmark für Facharbeiter und vier Reichsmark für Hilfsarbeiter und Frauen pro Tag. Diese Gebühren wurden lediglich für arbeitende, nicht jedoch für kranke Häftlinge gezahlt.“[86]

Im Falle Born bedeutete das: **Franz Mueller-Darß** konnte das alles sozusagen bei sich selber erledigen: die Forst, deren Leiter er war, bestellte; das SS- WVHA (wo er beim Reichsführer SS Heinrich Himmler arbeitete), genehmigte. Die Häftlinge kamen aus Neu-

---

86 Natalja Jeske, Das KZ-Außenlager Barth, a.a.O. S. 14 f.

engamme bei Hamburg. Fertig war die **SS-Meilerei in Born**. Deren Aufgabe: Holzkohle herstellen. Die wurde zunehmend als Treibstoff für LKWs benötigt[87]. Die „Treibstofffrage“ beschäftigte die oberste Heeresleitung ebenso, wie den engsten Kreis um Hitler und Goebbels, wie aus dessen Tagebüchern hervorgeht.

Wichtiger Zeitzeuge dieser Vorgänge ist **Günter Sandstede**, der im Gespräch mit Holger Becker Details über das KZ in Born und die **SS-Meilerei** festgehalten hat. Sandstede war Köhlermeister und Chef der Meilerei und gehörte zum Stab der SS in Born.

Meilerei Born

Günter Sandstede war Köhlermeister in der Borner Meilerei und berichtete mir Holger Becker am 10.10.2000 folgendes.
Sein Vorgesetzter war SS - Oberscharführer Duell. Dieser war Einsatzleiter und verantwortlich für die Arbeiten in der SS - Meilerei.
Schriftliche Arbeiten sowie die Abrechnungen wurden von ihm erledigt.
Das Holz wurde für 4,50 RM pro Raummeter von der Forst eingekauft.
Die Holzkohle wurde aus verschiedenen Holzsorten gewonnen.
So gab es 10 kg Säcke darin war Buchen oder Erlenholz.
12,5 kSäckeHolzkohle war gefüllt aus Kiefer oder Fichtenholz.
Die Säcke wurden für 1 RM oder 1,10 RM verkauft.
Verschickt wurden die Säcke Holzkohle vom Bahnhof Prerow zum Depot Storkow und weiter nach Oranienburg.
In den Meilern war eine Hitze von 500-540 C . Die Außenhaut war aus 2 mm Blech und wurde trotz der großen Hitze nicht rot.
Der anfallende Teer wurde schwarz an die Borner Fischer verscheuert und es gab Fische dafür. Beim Fischmeister Otto Becker hat Sandstede mal ein großes Paket Plieten für Brot welches Bäcker Groth lieferte eingetauscht.
Die Fische hat der Koch zubereitet.
Das Essen stand immer im Vordergrund, so haben wir vieles gemacht um an Lebensmittel zu kommen. Für Bäcker Willi Scharmberg eine Wiese gemäht und bekamen dafür Rosinenbrötchen die wie Kuchen schmeckten.

Quelle: Ortsarchiv Born.

[87] Einen LKW mit Holzvergaser kenne ich noch aus meiner Kinderzeit in den fünfziger Jahren.

Bei der hier beschriebenen Art der Köhlerei handelt es sich offensichtlich um eine sogenannte „trockene Destillation“, wie sie heute noch in der Holzkohlefabrik in Profagus in Niedersachsen angewandt wird. Diese Fabrik arbeitet folgendermaßen: Nachdem das Buchenholz bei der Holzkohlefabrik Profagus auf Kaminholzlänge gehackt und getrocknet wurde, wird es in so genannte „Retorten“ - sieben an der Zahl und jeweils 100 Kubikmeter fassend - gefüllt. Dort wird aus dem Holz Kohle. Doch während die alten Holzkohlemeiler im Wald mit einer sauerstoffkontrollierten *Verbrennung* arbeiteten, setzt man in Bodenfelde auf die „trockene Destillation“: Dazu wird ein ebenfalls im Herstellungsprozess entstehendes Gas *bei 500 Grad Celsius* in die *Retorten*[88] geleitet, das die übrigen Substanzen aus dem Holz löst und nach 18,5 Stunden nur den reinen Kohlenstoff übrig lässt. Als Nebenprodukte entstehen dabei in der Kohlefabrik Profagus jährlich 4500 Tonnen Essigsäure sowie Holzteere, Aromastoffe für die Lebensmittelindustrie und Holzkohlengrieß. Nach zwölfstündiger Abkühlung wird die Grillkohle gesiebt und in Säcke verpackt, kleine Stückchen sowie Staub werden zu hochwertigen Briketts verpresst. Aus 3,5 Tonnen trockenem Buchenholz wird so schließlich eine Tonne Holzkohle.
Die SS hatte es vor allem auf die Holzkohle abgesehen,

88 Bei den von Günter Sandstede erwähnten Meilern, der „Außenblech 2 mm stark“ war und „selbst bei der großen Hitze nicht rot wurde“, handelt es sich offensichtlich um solche „Retorten“, in denen das Holz ohne direkten Kontakt mit dem Feuer verkohlt wird. Vgl. https://www.hna.de/lokales/uslar-solling/buche-wird-viel-kohle-3299642.html

denn damit konnte man das Heer mit Treibstoff versorgen. Holzvergaser kamen im Zuge des Zweiten Weltkrieges immer mehr „in Mode", nachdem dem Diesel und Benzin immer knapper wurden. Die in der SS-Meilerei Born angewandte Technologie ist deshalb auch hier von Interesse, weil aus den benötigten Arbeitsgängen deutlich wird, wozu die Häftlinge eingesetzt wurden: eine kleinere Gruppe (15 Personen) direkt an den Retorten, die übrigen mussten offensichtlich im Darßer Wald arbeiten: Bäume fällen, auf Größe sägen, transportieren. Diese im Wald eingesetzten Häftlinge wurden offensichtlich auch direkt im Wald „einquartiert", hausten also in einfachsten Unterkünften, Erdhöhlen nicht unähnlich.
Frau Helga Radau aus Barth, die sich um die Erforschung und Dokumentation des KZ Außenlagers in Barth verdient gemacht hat, teilte mir am 15. Oktober 2019 per Mail mit, „es existiert die Aussage eines früheren Häftlings Karl Gerber des KZ Sachsenhausen, der über die Ankunft eines sowjetischen Häftlings aus dem KZ Born berichtet, dem der modrige Geruch des Waldes anhaftete. Sowjetische Kriegsgefangene lebten demnach im Wald in Erdhöhlen."
Das würde gut zu den herausgefundenen Arbeitsabläufen bei der Köhlerei passen.
Es gibt auch Zeitzeugenaussagen über den **Weg**, den die Häftlinge täglich durch Born zu gehen hatten. Holger Becker hat mir am 30. September 2019 bei unserem Gespräch im ehemaligen „Borner Hof", der heute das Ortsarchiv beherbergt, mitgeteilt:
„Heinz Semler, geb. 1933, wohnte gleich hier neben dem „Borner Hof" und kann sich gut an die Häftlinge erinnern, die täglich an seinem Elternhaus vorbei gin-

gen. Sie gingen *durch die kurze Straße links zum Moor, am Friedhof vorbei* und dann war da die SS-Meilerei."[89]
Die Meilerei war anfangs in **Bliesenrade** und kam im Jahre 1945 direkt nach **Born**. Die Gruppe von Häftlingen wurde offenbar von einem Russen angeführt, Semler erinnert sich „ein Russe gab den Takt an, ras – dwa – tri". „Es wurden auch alle Lahmen und Kranken mitgenommen", schreibt Semler.
Wir werden anhand von weiteren Zeugenaussagen bestätigt finden:
das alles spielte sich mitten im Ort ab. Jedermann hatte vor Augen, was da war im „Borner Hof" und in der SS-Meilerei, denn die lag ab 1945 direkt im Ort.

Im Gespräch mit Holger Becker am 30. September 2019 können wir den genauen ehemaligen Standort der SS-Meilerei in Born bestimmen, denn Herr Becker findet eine Gesprächsnotiz vom 27. 09. 2000, aus der folgendes hervorgeht:
im ehemaligen „Schützenhaus", dann „Waldschänke" wohnte die Familie der Zeitzeugin. Dort wohnte auch ein Herr Maffay, der bei der SS-Wachmannschaft in Born war. Diese Familie sei zum Ende des Krieges noch „ins Dorf" gezogen. Die Zeitzeugin erinnert sich, daß ihre Mutter ihr oft erzählte, daß sie Angst gehabt hätte. Denn *gleich hinter dem „Schützenhaus"* sei die Meilerei gewesen.
Herr Becker rekapituliert: „Stimmt. Gleich hinter der

---

[89] Holger Becker hat mit Herrn Semler am 20. 10. 2000 gesprochen. Mein Gespräch mit ihm am 30. 09. 2019 ist akustisch dokumentiert unter https://soundcloud.com/ulri-1/der-zeuge-gunter-sandstede-kohlermeister-in-der-ss-meilerei-born

„Waldschänke“ kommt ja die *Kreuzung, an der es links nach Ahrenshoop, rechts nach Prerow geht.* „Und wenn man ein Stückchen *vor der Kreuzung links* abbiegt, dort war die Meilerei. Dort war zu meiner Zeit, nun erinnere ich mich auch, ein Verkehrsgarten aufgebaut. Deshalb ist auch schlüssig, was Heinz Semmler ausgesagt hat: „. . . am Friedhof vorbei“ sei der Weg vom „Borner Hof“ gegangen, den die Häftlinge täglich zu gehen hatten. „Das ist ein Fußmarsch vom „Borner Hof“ von vielleicht zwanzig oder 25 Minuten“ ergänzt er. Das Gespräch habe ich aufgezeichnet[90].
In der Rekonstruktion anhand der Zeitzeugen-Aussagen könnte der Weg der KZ-Häftlinge vom „Borner Hof“ zur SS-Meilerei in folgendermaßen ausgesehen haben: er verlief mitten durch den Ort.

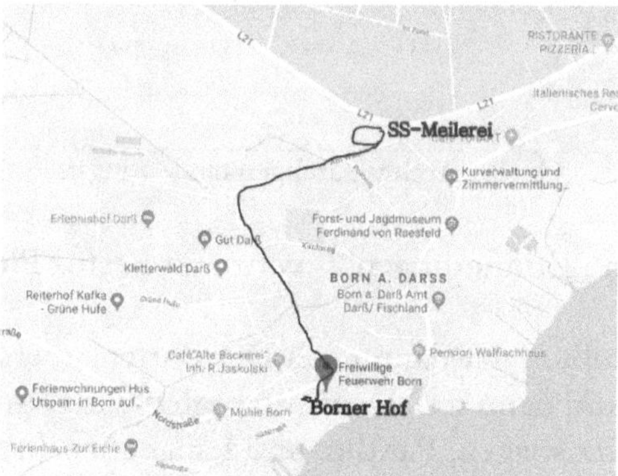

Quelle: googlemaps.
Rekonstruktion des Weges: U. Kasparick 2019

---

90 https://soundcloud.com/ulri-1/wo-die-ss-meilerei-in-born-war

Pastor Gerhard Krause, Zingst

25. Mai 1944: die Kirchenkanzlei in Stettin fragt in Stettin beim Sondergericht nach, was mit Pastor **Gerhard Krause** aus Zingst ist. Er ist wegen „Wehrkraftzersetzung" inhaftiert worden und von einem „Sondergericht" angeklagt:

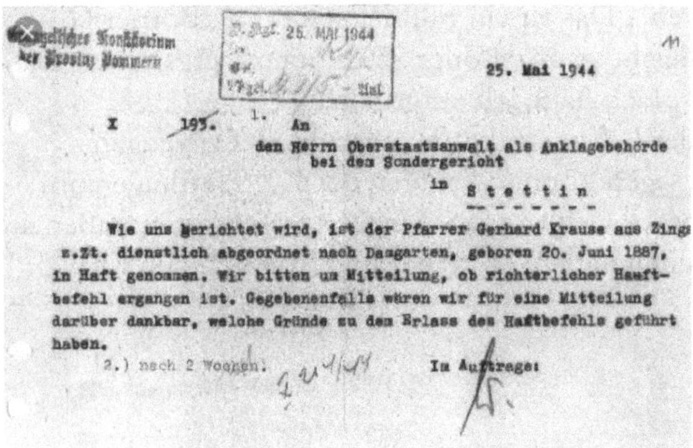

Evangelisches Konsistorium der Provinz Pommern

25. MAI 1944

25. Mai 1944

I 193. 1. An
den Herrn Oberstaatsanwalt als Anklagebehörde
bei dem Sondergericht
in Stettin

Wie uns berichtet wird, ist der Pfarrer Gerhard Krause aus Zingst z.Zt. dienstlich abgeordnet nach Damgarten, geboren 20. Juni 1887, in Haft genommen. Wir bitten um Mitteilung, ob richterlicher Haftbefehl ergangen ist. Gegebenenfalls wären wir für eine Mitteilung darüber dankbar, welche Gründe zu dem Erlass des Haftbefehls geführt haben.

2.) nach 2 Wochen.

Im Auftrage:

Quelle: Archiv Kirchgemeinde Zingst.

In seinen „Erinnerungen"[91] vermerkt Pastor Pleß in Prerow:
„1943 mußten wir dann nach Damgarten, zuerst Br. Krause und dann ich. Dort versorgten wir Damgarten, Saal, Ahrenshagen, Pantlitz und Langenhanshagen. Als Bruder Krause das 2. Mal dort war, wurde er verhaftet und kam ins Gefängnis nach Stralsund und sollte schließlich wegen Wehrkraftzersetzung vor den Volksgerichtshof kommen; erst die Russen befreiten ihn.[92]

---

[91] Erhalten im Pfarrarchiv Prerow unter „Memorabilia".

Von da ab habe ich immer Zingst mitversorgt und auch nach dem Krieg Jahre lang wegen der schweren Erkrankung von Br. Krause Zingst vertreten."

In den Protokollen des Gemeindekirchenrates von Prerow findet sich unter dem Datum **2. August 1944** Tagesordnungspunkt 4 über Gerhard Krause folgende Notiz:

Der Gemeindekirchenrat hat mit Bedauern von der **Verhaftung des Pastors Krause in Zingst** Kenntnis erhalten[93]. Pastor Krause hat 3 mal während der Abwesenheit des Prerower Pfarrers für je ½ Jahr die Gemeinde Prerow verwaltet und ihr das Evangelium gepredigt. Ohne zu dem Verfahren Stellung nehmen zu wollen, bittet der Gemeindekirchenrat sagen zu dürfen, daß er sich freuen würde, wenn Pastor Krause bald der kirchlichen Arbeit zurückgegeben würde, zumal wenigstens die Pfarrer, die noch in der heimatlichen Kirchenarbeit den Dienst tun, mit Arbeit überlastet sind."[94]

Ab Mitte 1944 gilt aus Kriegsgründen ein *Läuteverbot* auch in den Dörfern des Darß. (Amtsblatt Pommern vom 29.7.1944, S. 1). Es gilt eine generelle Urlaubssperre; Fahrkarten der Bahn bekommt man nur noch

---

[93] Vgl. auch diese Dokumente: https://de.evangelischer-widerstand.de/html/view.php?type=dokument&id=384&l=de

[94] Das ist schon der ganze „Protest". Eine Notiz in der Niederschrift einer nicht öffentlichen Sitzung des Gemeindekirchenrates.

für eine Distanz bis 50 Kilometer[95]. Sogar Frauen wurden zum Schippen eines „Ostwalls“ eingezogen, den man „gegen die Bolschewisten“ errichten wollte.

Russische Kriegsgefangene. Das KZ-Außenlager in Born

Am Sonntag, **10. September 1944** kommen *104 russische Kriegsgefangene* im „Borner Hof“ an[96].
Ein Zeitzeuge, der ehemalige Amtsvorsteher **Walter Mett**, der mittlerweile im Büro bei SS-Forstmeister Mueller-Darß arbeitet, notiert:
„Am Sonntag den 10. September 1944, sind 104 russische Kriegsgefangene aus einem KZ nach Born gekommen und mit einer Wachmannschaft von 20 SS-Männern im „Bornhof“ einquartiert worden. In mit Holzschuhen klapperndem Zug, in KZ-Sträflingskleidern, *kamen sie in unseren Sonntagsfrieden*[97]. Eine durch Franz Müller veranlaßte nicht sehr angenehme Neuerwerbung, um dort, wo einst der Recke-

---

[95] In: Friedrich Winter, Bischof Karl von Scheven (1882-1954), Wichern-Verlag 2009; S. 144

[96] Es heißt, sie seien „in LKWs“ gebracht worden. Ob sie tatsächlich aus Neuengamme kamen, wie Günter Sandstede behauptet, ist mittlerweile fraglich. Am 24. Oktober 2019 schrieb mir Dr. Moeller aus Neuengamme, ein solcher Transport sei in der Gedenkstätte Neuengamme „nicht bekannt“. Möglicherweise seien die Häftlinge aus Sachsenhausen gekommen. Hier ist noch Recherche-Arbeit nötig.

[97] Was für ein Zynismus! Von „Sonntagsfrieden“ konnte ja im Jahre 1944 beim besten Willen nicht mehr gesprochen werden.

stein stand Holz zur Betriebsstoffbeschaffung[98] zu verkohlen."
Offensichtlich schafften es die Forstarbeiter nicht, genügend Holz für die SS-Meilerei bereitzustellen, weshalb Mueller-Darß zusätzliche „100 Mann" „bestellt" hatte.

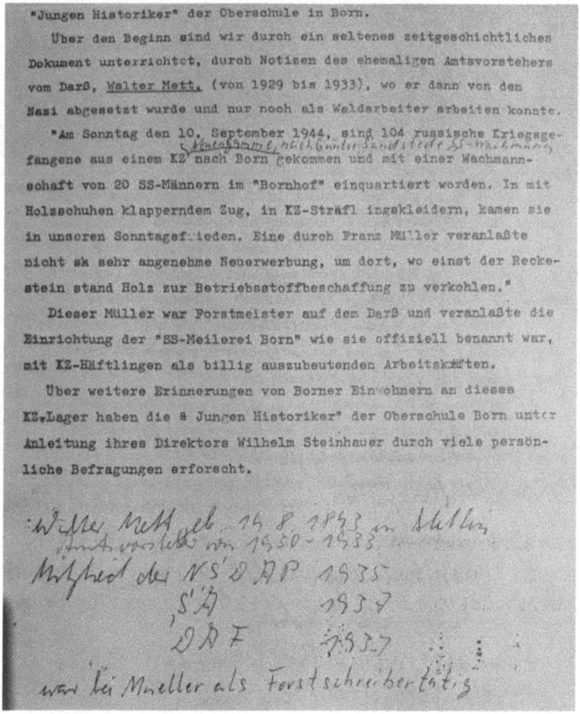

"Jungen Historiker" der Oberschule in Born.

Über den Beginn sind wir durch ein seltenes zeitgeschichtliches Dokument unterrichtet, durch Notizen des ehemaligen Amtsvorstehers vom Darß, Walter Mett, (von 1929 bis 1933), wo er dann von den Nazi abgesetzt wurde und nur noch als Waldarbeiter arbeiten konnte.

"Am Sonntag den 10. September 1944, sind 104 russische Kriegsgefangene aus einem KZ nach Born gekommen und mit einer Wachmannschaft von 20 SS-Männern im "Bornhof" einquartiert worden. In mit Holzschuhen klapperndem Zug, in KZ-Sträflingskleidern, kamen sie in unseren Sonntagsfrieden. Eine durch Franz Müller veranlaßte nicht sehr angenehme Neuerwerbung, um dort, wo einst der Reckestein stand Holz zur Betriebsstoffbeschaffung zu verkohlen."

Dieser Müller war Forstmeister auf dem Darß und veranlaßte die Einrichtung der "SS-Meilerei Born" wie sie offiziell benannt war, mit KZ-Häftlingen als billig auszubeutenden Arbeitskräften.

Über weitere Erinnerungen von Borner Einwohnern an dieses KZ-Lager haben die "Jungen Historiker" der Oberschule Born unter Anleitung ihres Direktors Wilhelm Steinhauer durch viele persönliche Befragungen erforscht.

Mitglied der NSDAP 1935

war bei Mueller als Forstschreiber tätig

Quelle: Ortsarchiv Born. Die später eingefügten handschriftlichen Notizen stammen vom Ortschronisten Holger Becker, Born.

98 Die Armee brauchte Treibstoff. Zum Ende des Krieges wurden Holzvergaser verstärkt wieder in LKWs eingebaut. Um diesen „Betriebsstoff" geht es.

Die SS-Führungsstruktur in Born sieht in der Rekonstruktion anhand von Zeugenaussagen so aus:

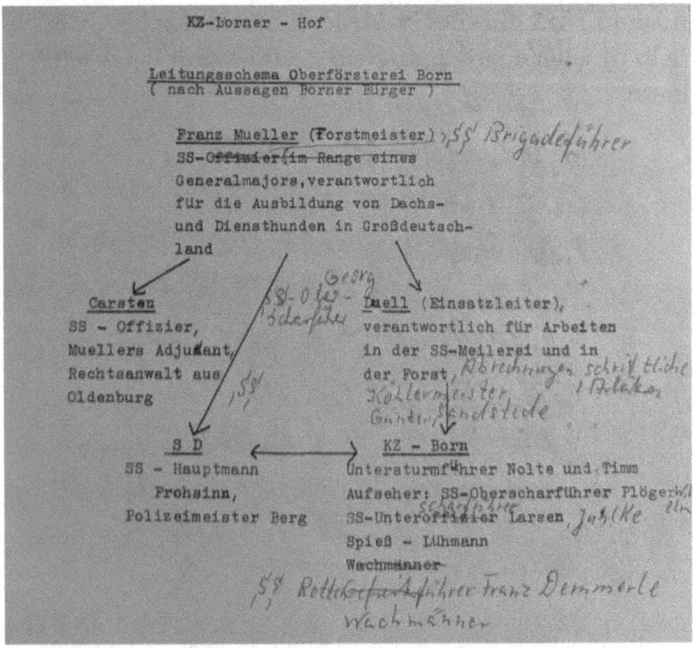

KZ-Borner - Hof

Leitungsschema Oberförsterei Born
(nach Aussagen Borner Bürger)

Franz Mueller (Forstmeister), SS Brigadeführer
SS-~~Offizier (im Range eines~~
Generalmajors, verantwortlich
für die Ausbildung von Dachs-
und Diensthunden in Großdeutsch-
land

Carsten
SS - Offizier,
Muellers Adjutant,
Rechtsanwalt aus
Oldenburg

Georg Duell (Einsatzleiter), SS-Ober-Scharführer
verantwortlich für Arbeiten
in der SS-Meilerei und in
der Forst,
Köhlermeister

S D
SS - Hauptmann
Frohsinn,
Polizeimeister Berg

KZ - Born
Untersturmführer Nolte und Timm
Aufseher: SS-Oberscharführer Plöger
SS-Unteroffizier Larsen
Spieß - Lühmann
~~Wachmänner~~
SS Rottenführer Franz Demmerle
Wachmänner

dieses Dokument ist von Borner Schülern im Jahre 1964/65 erarbeitet und später handschriftlich von Holger Becker, Born bearbeitet worden. Man findet es im Ortsarchiv Born

Die SS-Wachmannschaft für die 104 Kriegsgefangenen ist namentlich ebenfalls bekannt:

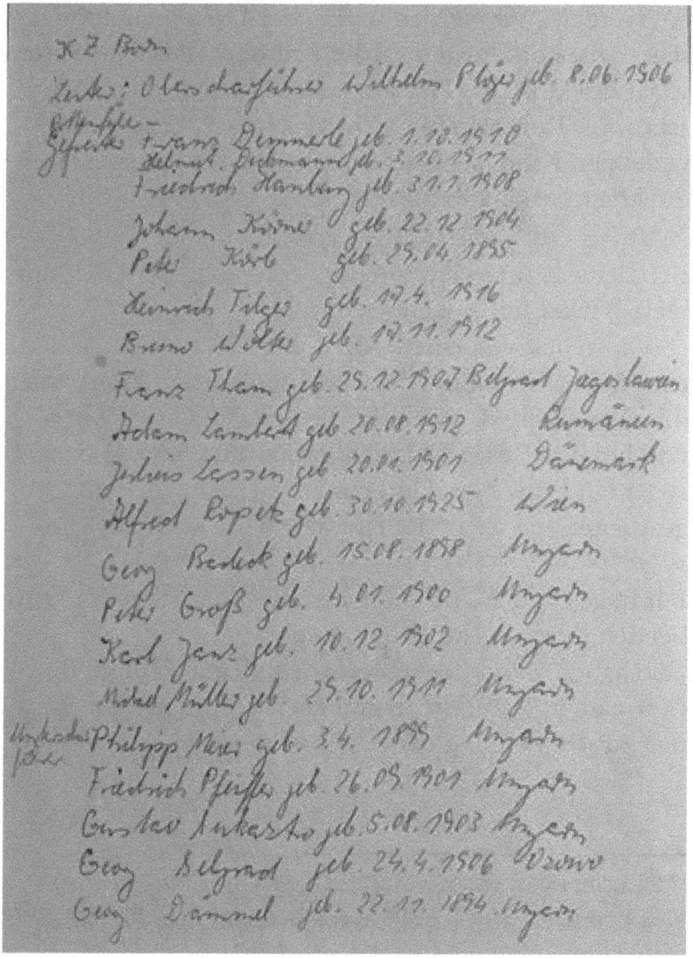

K Z Born
Leiter: Oberscharführer Wilhelm Plöger geb. 8.06.1906
Rottenführer – Gefreite Franz Demmerle geb. 1.10.1910
Helmut Dickmann geb. 3.10.1911
Friedrich Hamburg geb. 3.7.1908
Johann Körner geb. 22.12.1904
Peter Korb geb. 25.04.1855
Heinrich Tölzer geb. 17.4.1916
Bruno Wolter geb. 17.11.1912
Franz Thom geb. 25.12.1907 Belgrad Jugoslawien
Adam Lambert geb. 20.08.1912 Rumänien
Julius Lassen geb. 20.01.1901 Dänemark
Alfred Ropek geb. 30.10.1925 Wien
Georg Bedeck geb. 15.08.1858 Ungarn
Peter Groß geb. 4.01.1900 Ungarn
Karl Janz geb. 10.12.1902 Ungarn
Michael Müller geb. 25.10.1911 Ungarn
Unterscharführer Philipp Meier geb. 3.4.1895 Ungarn
Friedrich Pfeiffer geb. 26.05.1901 Ungarn
Gustav Lukasko geb. 5.08.1903 Ungarn
Georg Belgrad geb. 24.4.1906 [illegible]
Georg Dämmel geb. 22.11.1894 Ungarn

Quelle: Ortsarchiv Born. Die Liste wurde anhand von Zeitzeugeninterviews gefertigt von Holger Becker, Born.

Nach dem Krieg wird immer behauptet werden, dass es „keinen Kontakt“ der Zivilbevölkerung zu den Häftlingen gegeben hätte. Das kann allerdings anhand der Dokumente von Zeitzeugenaussagen nicht bestätigt werden. Wir werden hier in der Dokumentation sehen, dass das Gegenteil der Fall war. Häftlinge waren sogar direkt in den Häusern von Einheimischen eingesetzt. Als Tierarzt, als Frisör, als Notarzt bei einem verletzten Kind, auch als Ofenbauer. Kinder spielten direkt am Stacheldrahtzaun.

Bei meinem Interview am 30. September 2019 teilt mir Herr Becker mir folgendes mit:
„So hörte ich von einem, der mir erzählte: hier[99] war ein *Tierarzt*. Wenn bei den Bauern ein Pferd krank war oder eine Kuh, dann haben die gesagt: „Go mol hen und hol den Russen!“ Die konnten auch was. Es war sogar ein *Frisör* hier. Und die haben dann auch im Ort gearbeitet. Ich weiß, der eine war wohl auch mit *Ofensetzer*.“
Ich frage nach: „Und diese Handwerker haben im Dorf bei den Leuten gearbeitet?“
„Sie haben zumindest mitgearbeitet“ sagt Holger Becker und ergänzt: „sie hatten aber wohl ständig jemanden zur Bewachung dabei.“[100]

---

[99] Gemeint ist im „Borner Hof“, in dem KZ-Häftlinge aus Neuengamme untergebracht waren.

[100] Das Gespräch ist akustisch dokumentiert unter https://soundcloud.com/ulri-1/wenn-dein-frisor-oder-dein-tierarzt-ss-haftling-ist

Ähnliches ist auch aus **Wieck** bezeugt.
13. 4. 2011 Gespräch Holger Becker mit Horst Niemann/Wieck.
„Horst Niemann ist 1934 geboren. Er ist als zehnjähriger Junge im Winter auf einen Zinkeimer gefallen, so daß er eine stark klaffende Wunde über dem rechten Auge hatte. Frau Wolter ging mit ihm zu einem Häftlingsarzt. (War das ein Russe?), der ihm die Wunde nähte. Der Lagerleiter hieß Jauch."
Ich frage nach: „da wurde also jemand aus der Gruppe der Häftlinge geholt, von dem man wusste, daß er Arzt ist, um den deutschen Jungen zu versorgen?"
„Ja." Sagt Holger Becker und wir machen uns klar, daß dieser Arzt immer unter Lebensgefahr gehandelt hat. Eine falsche Bewegung und man hätte ihn erschossen.[101]

Es gab weitere direkte Kontakte zu den Häftlingen. Die Tochter des früheren Hotelbesitzers in Born berichtet:
„Gespräch mit Bianca Pentzhorn, geborene Albitius. Ihre Eltern waren hier die Gastwirtsleute. Gespräch am 3. 11. 2000: Bianca Albitius kam im November 1944 auf Bitten ihrer Eltern nach Born auf dem Darß. Sie brach die Hotelfachschule in München ab. Ihre Eltern brauchten ihre Hilfe, da der Forstmeister Mueller den Saal der „Borner Hofes" beschlagnahmt hatte, der nun als KZ genutzt wurde. In den fünf Gästezimmern[102]

---

[101] Das Gespräch ist akustisch dokumentiert unter: https://soundcloud.com/ulri-1/kz-ausenlager-wieck-der-alte-krug-wenn-haftlinge-wiecker-kinder-arztlich-versorgen

[102] Im Obergeschoss

standen jeweils zwei Betten und in den Zimmern war ein Teil der SS-Wachmannschaft untergebracht. Die Zimmer wurden ebenfalls ohne ein Schriftstück beschlagnahmt und. Den Bierkeller, den man auf der Zeichnung des „Borner Hofes“ sieht, gab es damals noch nicht, der wurde erst 1948 von ihrem Mann gebaut. Die Gulaschkanone war nicht eingezäunt. Links neben der Tür war auch keine Hundehütte[103]. Die Gefangenen, die gestorben waren, lagen nackt auf dem Hof neben der Saaltür[104]“. Bianca Pentzhorn, geb. Albitius ist 1923 geboren, die war damals in den Zwanzigern, kann sich also sehr genau erinnern. Sie war dann die ganze Zeit hier bei ihren Eltern.
„*Die Gefangenen, die gestorben waren, lagen nackt auf dem Hof neben der Saaltür*, links, wo der Bierkeller gezeichnet wurde. Von dort wurden sie zum Friedhof[105] gebracht.

---

103 Die Zeitzeugin bezieht sich auf eine **Handzeichnung**, die von einer Schülergruppe etwa im Jahre **1964/65** angefertigt wurde. Diese Schülergruppe hatte sich damals auf Anregung und mit Unterstützung ihres Lehrers mit dem KZ „Borner Hof“ beschäftigt, Zeitzeugen befragt und etliche Dokumente zusammengetragen. Auszüge dieser Arbeit liegen im Ortsarchiv Born vor. Der gesamte Vorgang ist nach Auskunft von Frau Radau/Barth im Nachlass des Lehrers im Archiv der Universität Greifswald zu finden.

104 Holger Becker erinnert sich an diese Saaltür, durch die er als Kind gegangen ist, weil im „Borner Hof“ Kino gezeigt wurde.

105 Die Frage ist: wer hat sie beerdigt? Wo sind sie beerdigt? Der Friedhof ist kommunales Eigentum, der Pfarrer war also nicht unbedingt erforderlich. Es ist gut möglich, dass die SS die Leichen irgendwo auf dem großen Friedhof in einer Ecke verscharrt hat. Der Borner Friedhof verfügt ja über eine solche Ecke, die die

Frau Pentzhorn hatte im Dunkeln immer Angst, an den Toten vorbei ins Hotel zu gehen."[106]

Zeitzeugin Marianne Ehlert.

Gespräch mit Marianne Ehlert aus Wieck, geb. Behrend, am 5. 1. 2001[107]. Sie war 1943 bis Ende 1944 in Born im Kindergarten beschäftigt.

„Frau Ehlert erzählte mir, daß sie Hilfskraft im Kindergarten war. Sie musste Milch von der Oberförsterei in Born holen. Als sie mit ihrer Milchkanne ankam, war ein Häftling mit der Reparatur des Drahtzaunes beschäftigt. Über diesen war Stacheldraht gezogen, der wohl erneuert werden sollte. Als sie grade auf den Hof gehen wollte, schlug auf einmal der SS-Mann mit einem Stück Stacheldraht dem Häftling quer übers Gesicht. Das Blut lief sogleich in Strömen, aber der Häftling sagte kein Wort. Sie war so entsetzt, daß sie ohne Milch zurück zum Kindergarten lief und sagte, dort geht sie nicht wieder hin. Trotzdem musste sie zurück und aus der Forstküche Milch holen. In der Küche und auf dem Hof sah und hörte sie ***Häftlingsfrauen*** in ihrer gestreiften Kleidung, die polnisch oder russisch sprachen."

Einheimischen noch heute „das Russengrab" nennen. Auch vom Friedhof in Barth ist ein solcher „Russenfriedhof" bezeugt. (vgl. Natalja Jeske, Das KZ-Außenlager in Barth, a.a.O. 141).

[106] Das Zeitzeugnis ist akustisch dokumentiert unter: https://soundcloud.com/ulri-1/zeugin-3-bianca-pentzhorn-die-toten-haftlinge-im-borner-hof

[107] Das Gespräch führte Holger Becker, der mir die Notiz über dieses Gespräch am 30. 9. 2019 auf Band spricht.

„Ist das eine Kindheitserinnerung"? frage ich und Herr Becker meint, „nein, sie war ja schon im Kindergarten als Aushilfe beschäftigt. Sie wird vielleicht vierzehn/fünfzehn Jahre alt gewesen sein. Sie sagt, das hat sie nie vergessen."[108]

Wir wissen mittlerweile, daß diese **„Häftlingsfrauen"** Zeuginnen Jehovas waren. Eine von ihnen, **Meta Zils**, Häftlingsnummer 442 in Ravensbrück, wurde nach Aussage ihrer Tochter „mit drei weiteren Glaubensschwestern – als Außenkommando nach **Born**/Darß zum Brigadeführer der SS **Franz Mueller** abkommandiert. Die vier Schwestern mussten in ihren Sträflingskleidern hauptsächlich Wald- und Feldarbeit verrichten, ohne Bewachung. Untergebracht waren die vier Zeuginnen Jehovas in der Waschküche auf dem Gelände des SS-Brigadeführers, in der auch die Kartoffeln für die Schweine gekocht wurden, von denen sich die Schwestern hauptsächlich ernährten, wenn nicht Reste von der **Küche** übriggeblieben waren. Meiner Schwester und mir war es durch die Initiative eines im Nachbardorf Bliesenrade wohnenden mutigen Bewohners möglich, unsere Mutter zweimal heimlich bei Nacht zu besuchen. Kurz vor Kriegsende durften alle vier Frauen nach Hause gehen. Meine Mutter legte in ihrer Sträflingskleidung einen Fußmarsch von ca. 300 Kilometern zurück, bis sie meine Großeltern und uns Kinder in die Arme schließen konnte. Doch 1946 wurden

---

108 Dieses Zeitzeugnis ist akustisch dokumentiert unter: https://soundcloud.com/ulri-1/zeugin-marianne-ehlert-born

wir aus der Heimat vertrieben."[109] Meta Zils stammte aus der Nähe vom heute polnischen Dorf Zanow.

Franz Mueller-Darß bildete im Auftrage von „Reichsführer SS“ Heinrich Himmler scharfe Wachhunde aus, deren Aufgabe vor allem darin bestand, die Flucht von Häftlingen aus Konzentrationslagern zu verhindern. Diese Hunde wurden scharf „auf Mann“ trainiert: ihre Ausbilder zogen Häftlingskleidung an, um die Hunde auszubilden.....
Die Frage steht also: Wenn Mueller-Darß eine solche „Hundeschule“ im Auftrag der SS betrieb, wo waren die scharfen Hunde untergebracht?
„Die waren **im Ort** untergebracht, da gibt es auch Fotos“ sagt Herr Becker. „Da waren richtig Hundehütten, also, ich sag mal, da war eine Batterie Hundehütten und da war eine Batterie. Einmal auf dem *Forstamt* und einmal *auch hier*, wo jetzt noch die, das nennt sich „Alte Bäckerei“, dort nebenan, dort war auch ein Grundstück und dort waren auch jede Menge Hundehütten.“
Und dann liest er eine Gesprächsnotiz mit Frau Behlke, (geb. 26. Mai 1936), die er am 5. 10. 2000 niedergeschrieben hatte: „Die Bäckerei Griem grenzte an das Nachbargrundstück von Richard Holz, welches 1938 der Forst-Fiskus kaufte. Hier waren 1944/45 viele auszubildende Hunde untergebracht. Die vielen Hundehütten standen dicht an dicht bei der großen Scheune. Einige Häftlinge vom KZ Born, „Borner Hof“, mussten die Hundehütten reinigen. Sie erinnert sich genau an einen Vorfall. Der Gemüsegarten von Griems

---

109 Zitiert bei Franz Wegener, Barth im Nationalsozialismus, a.a.O. S. 160 f.

grenzte durch einen Drahtzaun an das Grundstück, wo die Hundehütten standen. Als nun wieder einmal Häftlinge zum Säubern der Hundehütten da waren, steckte das kleine Mädchen Gunde Griem einen Kohlrabi durch den Maschendrahtzaun. Ein Häftling nahm diesen und wurde dabei von einem SS-Wachmann beobachtet. Daraufhin wurde der Häftling zusammengeschlagen und dem Mädchen lautstark gesagt, so etwas in Zukunft nie wieder zu tun. Diese Erinnerung wird sie nie vergessen"[110].

Fluchtversuche

Mehrere Fluchtversuche sind bezeugt.
„Drei Russen sind mal ausgerissen und liefen in Stralsund auf dem Bahnhof dem Lagerleiter Plöger in die Arme. Sie waren sechs Tage weggewesen."[111]
Am 10. 10. 2000 gab Günter Sandstede Herrn Becker zu Protokoll, er wüsste von zwei Erschießungen, von einer in **Prerow**[112] und einer in **Born**[113].

---

110 Vgl. die akustische Aufzeichnung dieser Notiz unter https://soundcloud.com/ulri-1/die-ss-hunde-waren-mitten-im-dorf-untergebracht

111 Aussage von Günter Sandstede, dem Köhlermeister der SS-Meilerei Born gegenüber Holger Becker. Akustisch dokumentiert unter: https://soundcloud.com/ulri-1/kz-born-das-ende-im-april-1945-interview-holger-becker-oktober-2019

112 Frage des Historikers: wo wurde der Flüchtling begraben? Man wird ihn irgendwo verscharrt haben.

Dann gibt es noch jenen Häftling, den die Kinder in Born an der Grünen Hufe haben in den Wald gehen sehen und von dem man sagt, man habe ihn in **Zingst** auf einem Heuboden gefunden und dort erschossen.

1945 das Ende. Einmarsch der Sowjets. Flucht der SS, Flüchtlinge in den Dörfern des Darss.

Am 13. Mai 2003 spricht Holger Becker, der Ortschronist von Born mit der Tochter von **Walter Mett**, dem ehemaligen Gemeindevorsteher von Born, der später bei **Franz Mueller-Darß** in der Schreibstube beschäftigt war. Im Gespräch wird deutlich:
Offensichtlich hatte Franz Mueller-Darß vor, die Borner Häftlinge erschießen zu lassen.
„Frau Schmidt erzählte mir vom Leben und Wirken ihres Vaters Walter Mett. Er wurde 1936 als Büroangestellter auf dem Forstamt eingestellt. Sie sagte mir, daß er alle schriftlichen Arbeiten im Büro erledigte und als *Geschäftsführer des Forstmeisters* arbeitete. Sie erinnerte sich, daß in den letzten Kriegstagen der Forstmeister die Häftlinge erschießen lassen wollte. Mett machte in nächtelanger Diskussion dem Forstmeister klar, was dann mit der Darßer, aber vor allem mit der Borner Bevölkerung passieren würde[114]. Das Wohl der Bevölkerung war dem Forstmeister allerdings egal. Sie sagt, sie kann sich genau erinnern, wie ihr Vater müde und

---

[113] Akustisch dokumentiert unter: https://soundcloud.com/ulri-1/der-zeuge-gunter-sandstede-kohlermeister-in-der-ss-meilerei-born

[114] Beim Einmarsch der „Russen", der ja unmittelbar bevorstand

geschafft morgens nach Hause kam, aber erleichtert sagte: „Er wird es nicht tun, sie erschießen zu lassen. Er wird es nicht tun, sie erschießen zu lassen![115]"

Daß Franz Mueller-Darß offenbar vorhatte, die KZ-Häftlinge erschießen zu lassen, geht auch aus folgender Notiz hervor:
„Gleich hinter dem „Schützenhaus" lag der Garten der Familie Pieplow. Ein Stückchen hinter diesem Garten wurden Richtung Norden zum Wald hin zwei große tiefe Sandgruben ausgehoben. Die SS-Meilerei lag nur wenige Meter Richtung Westen vom „Schützenhaus" entfernt. Der Vater hieß Günter Maffay, er war möglicherweise beim Bunkerbau[116] und wurde später zu den Seelower Höhen abkommandiert." Holger Becker ergänzt diese Notiz mit den Worten: „da fällt mir jetzt auch ein, daß mal gesagt wurde, er soll das wohl vorgehabt haben, daß die dort erschossen werden. Es war schon alles dafür vorbereitet, aber man hat es sich dann doch noch anders überlegt."[117]

---

[115] Diese Aussage ist akustisch dokumentiert unter: https://soundcloud.com/ulri-1/mueller-dars-wollte-alle-kz-haftlinge-erschiesen-lassen

[116] Gemeint ist möglicherweise der Bunkerbau der SS im Darßer Wald. Franz Mueller-Darß hat in einem solchen Bunker „mehrere Wochen" vor seiner Flucht zugebracht.

[117] Gespräch mit Holger Becker am 7. 10. 2019 in Born. Vgl. https://soundcloud.com/ulri-1/die-sandgruben-zur-erschiesung-der-kz-haftlinge-in-born-waren-schon-ausgehoben

12. März 1945 Tagebucheintrag Joseph Goebbels Gestern: (...) Der Heldengedenktag wird durch eine Kranzniederlegung durch Göring *am zerstörten Heldenehrenmal*[118] begangen. ...Im Vorzimmer des Führers warten seine Generäle. Ein müder Verein, der geradezu deprimierend wirkt....[119]

17. März 1945 Tagebucheintrag Joseph Goebbels. „Man wird sich doch langsam klar darüber, was dieser Krieg für uns alle bedeutet. Wer hätte vor 12 Jahren gedacht, daß man das 12-Jahres-Jubiläum in einer solchen Umgebung und unter solchen Umständen begehen würde."[120]

19. März 1945 Tagebucheintrag Joseph Goebbels. „Die Lage in Berlin stellt sich abends etwa folgendermaßen dar: Die Brände[121] konnten zum großen Teil noch nicht abgelöscht werden. Im Wedding und in Niederschönhausen haben die Amerikaner schwere Teppichabwürfe durchgeführt, die furchtbare Verwüstungen hervorgerufen haben. Zur Zeit ruht der Verkehr in der Reichshauptstadt fast gänzlich. Das ist aber zum großen Teil darauf zurückzuführen, daß die Elektrizitätsversorgung wegen des Ausfalles der Umschaltwerke nicht mehr funktioniert. Wir zählen über 60.000 Obdachlose und rund 500 Tote. Dazu kommen

---

118 Was für eine Symbolik für jene Tage!

119 Joseph Goebbels, Tagebücher, Bd. 4 (1943-45), herausgegeben von Ralph Georg Reuth, S. 2149ff.

120 Joseph Goebbels, Tagebücher, Bd. 4, a.a.O. S. 2156. Am Vortag war sein Ministerium „mit dem schönen Theatersaal" von einer Luftmine völlig zerstört worden.....

121 Nach einem schweren Luftangriff vom Vortag

allerdings noch eine ganze Reihe von Verschütteten-stellen, von denen man nicht weiß, wie viele Menschen darunter begraben sind. Der Luftangriff ist in seiner Auswirkung mindestens so schwer wie der letzte Terrorangriff, den die Amerikaner am 28. Februar durchgeführt haben. Im ganzen ergibt sich wieder eine ziemlich tolle Situation….Nach fünf Tagen sowjetischen Großangriffs hat Schörner immerhin das eine erreicht, daß dem Feind kein Durchbruch gelungen ist. Auch im *Raum von Stettin*….haben sich schwere Kämpfe entwickelt, die auch zu tieferen Einbrüchen führten…Abends haben wir in Berlin wieder den Mosquito-Angriff vom Dienst. Die feindlichen Flugzeuge fliegen über einer noch brennenden Stadt. ….“[122]
27. März 1945 Tagebucheintrag Joseph Goebbels. „Speer kommt zum Schluß zu unserer Unterredung (mit Hitler) hinzu. Er ist im Westen gewesen und erzählt von dort schaurige Dinge. Es ist nicht mehr möglich, im Westen über die *Landstraßen* zu fahren, ohne von *Jagdbombern* angegriffen zu werden. Die feindliche Luftüberlegenheit ist so, daß wir uns auf unseren eigenen Landstraßen selbst mit dem Auto nicht einmal mehr bewegen können.“[123]

[122] Joseph Goebbels, Tagebücher, Bd 4, a.a.O. S. 2160 f.

[123] Joseph Goebbels, Tagebücher, Bd 4, a.a.O. S. 2168

Das Ende der SS-Meilerei.

„Gespräch[124] am 23. 11. 2003 mit Brigitte Schobing, geborene Weber aus Born:

Am 1. Mai 1945 wurden sie vor dem zweiten Schulhaus als „Jungmädel“ aufgenommen. Die Meilerei wurde Ende April, Anfang Mai 45 von der SS gesprengt.“ – „Das kann aber nicht sein“ wirft Holger Becker ein, als er die Notiz auf Band liest. „Jedenfalls kann sie nicht gänzlich gesprengt worden sein. Sie sagt, ihr Bruder, Günter Weber, der mit anderen Jungs zum Zugucken hingelaufen war, wurde im Gesicht schwer verletzt und verlor sein Augenlicht. Die Splitter machte ihm seine Mutter raus. Das Haus auf der Grünen Hufe, heute Füsting, wurde von Kriegsgefangenen aufgebaut. Das Wasser zum Mauern holten sie von der Pumpe von Marta Semler. Dort war der SS-Mann, der „Papa laß“ genannt wurde, und ein Verhältnis im Dorf hatte, einquartiert. Die Häftlinge gingen ohne Bewachung zum Wasserholen. Eines Tages ging ein Häftling mit dem Wassereimer am Hause Semler vorbei und die Grüne Hufe Richtung Ortsausgang zum Wald. Die Kinder sahen das, sagten aber nichts. Den Gefangenen sollen sie nach ihrer Meinung in **Zingst** auf dem Heuboden entdeckt haben und ihn dort erschossen haben.“ Holger Becker ergänzt: „Das habe ich von mehreren gehört, daß einer von hier ausgerissen ist und sich bis Zingst durchgeschlagen hat ....“

Die Auswertung dieser Aussagen ergibt: „Das mit dem Sprengen der Meilerei kann ja nicht ganz so stattgefun-

---

[124] Das Gespräch führte Holger Becker, Born; er las die Notiz am 30. 09. 2019 auf Band. Die Notiz ist akustisch dokumentiert unter: https://soundcloud.com/ulri-1/das-ende-der-ss-meilerei-in-born

den haben, man wird sie nur teilweise gesprengt haben. Die Verletzung des Bruders kann die Zeitzeugin nicht erfunden haben. Die erhaltenen Meiler wird man weiter genutzt haben und weiter Holzkohle gefertigt haben. Denn nach dem Krieg haben ja Einheimische im Jahr 1946/47 einzelne Öfen der Meilerei weiter genutzt".

Zeitzeugenberichte über die **Flucht der SS** durch den Darßer Wald sind unter anderem akustisch dokumentiert in der Aufzeichnung[125] vom 30.09.2019.
Ein mittlerweile verstorbener Nachbar hatte Herrn Becker erzählt, daß die *SS auf der Flucht Richtung Fischland* unterwegs war.
„Die wollten hier durch und sich über die Ostsee absetzen. Aber sie hatten kein Benzin mehr. Einer hatte den anderen im Schlepp. Hier stand am Ende ein ganzer Konvoi im Wald Richtung Ibenhorst. Dann hat man die Fahrzeuge stehen lassen müssen, weil kein Treibstoff mehr da war. Die SS hat alles stehen lassen, der Wald war voll mit alten Autos und Resten von Ausrüstung."
Herr Becker ergänzt im Gespräch: „man muss ja auch bedenken, dass die Straßen noch nicht befestigt waren, es waren ja nur Sandwege. Die Fahrzeuge blieben vor Ibenhorst im Sand stecken. Die höheren Offiziere haben sich von Wustrow über die Ostsee abgesetzt. Die sind immer die ersten, die abhauen….."

125 https://soundcloud.com/ulri-1/das-ende-der-ss-im-darser-wald-bei-born

„Ende April 1945 war ein **Konvoi der Leibstandarte Heinrich Himmler in Born**[126]. Die zogen weiter Richtung Westen, blieben aber zum Teil im Sand bei Ibenhorst stecken. Mit diesem Konvoi wurden Günter Sandstede und andere, die in Born stationiert waren, mitgenommen. Die hatten jede Menge Weinflaschen in den Fahrzeugen. Sie kamen bis Rostock und mussten dann zurück. Dort in Wustrow setzte sich der Konvoi von Himmler mit den Booten über die Ostsee ab und ließen die Borner zurück. Dann fuhren sie mit einem Werkstattwagen zurück nach Born und er[127] schlug sich von Bliesenrade nach Oldenburg, seinem Heimatort, durch. Er hatte sich hier in Bliesenrade verlobt."[128]

Dokumentiert ist vom Ende des Krieges noch ein letzter Häftlingstransport von Born ins KZ-Außenlager Barth am **12. April 1945**:

---

126 Das dürfte ein Teil der sogenannten „Rattenlinie Nord" gewesen sein. Gruppen hochrangiger Nazis, die sich Richtung Hamburg und Flensburg absetzten und dort von Admiral Dönitz unter anderem mit falschen Papieren„versorgt" wurden.

127 Günter Sandstede, Köhlermeister der SS-Meilerei in Born

128 Diese Information ist akustisch dokumentiert am 7. Oktober 2019 unter: https://soundcloud.com/ulri-1/kz-born-das-ende-im-april-1945-interview-holger-becker-oktober-2019

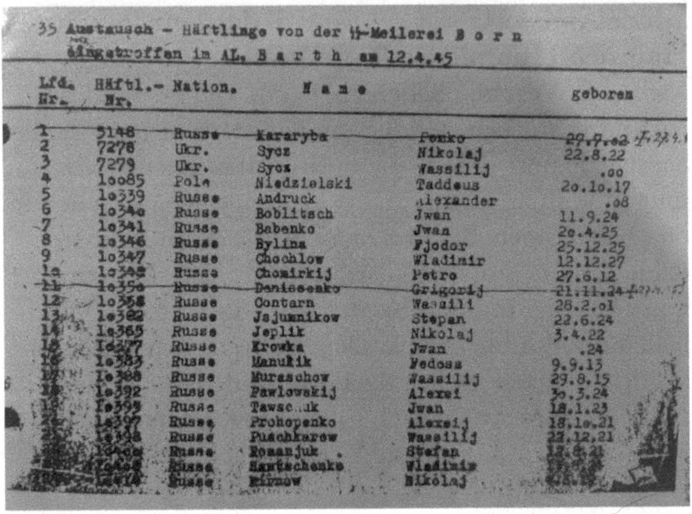

35 Austausch – Häftlinge von der SS-Meilerei B o r n
eingetroffen im AL. B a r t h am 12.4.45

Lfd. Nr.	Häftl.- Nr.	Nation.	N a m e		geboren
~~1~~	~~5148~~	~~Russe~~	~~Kararyba~~	~~Fomko~~	~~29.7.02~~ † 27.4.
2	7278	Ukr.	Sycz	Nikolaj	22.8.22
3	7279	Ukr.	Sycz	Wassilij	.00
4	1oo85	Pole	Niedzielski	Taddeus	2o.1o.17
5	1o339	Russe	Andruck	Alexander	.08
6	1o34o	Russe	Boblitsch	Jwan	11.9.24
7	1o341	Russe	Babenko	Jwan	2o.4.25
8	1o346	Russe	Bylina	Fjodor	25.12.25
9	1o347	Russe	Chochlow	Wladimir	12.12.27
1o	1o348	Russe	Chomirkij	Petro	27.6.12
~~11~~	~~1o35o~~	~~Russe~~	~~Denissenko~~	~~Grigorij~~	~~21.11.24~~ † 27.4.
12	1o358	Russe	Contarn	Wassili	28.2.o1
13	1o362	Russe	Jsjumnikow	Stepan	22.6.24
14	1o365	Russe	Jeplik	Nikolaj	3.4.22
15	1o377	Russe	Krowka	Jwan	.24
16	1o383	Russe	Manukik	Fedoss	9.9.13
17	1o388	Russe	Muraschow	Wassilij	29.8.15
18	1o392	Russe	Pawlowskij	Alexei	3o.3.24
19	1o393	Russe	Tawsc..uk	Jwan	18.1.23
[illegible]	1o397	Russe	Prohopenko	Alexeij	18.1o.21
[illegible]	1o398	Russe	Puschkarew	Wassilij	22.12.21
[illegible]	[illegible]	Russe	Romanjuk	Stefan	[illegible]
[illegible]	[illegible]	Russe	Hawtschenko	Wladimir	[illegible]
[illegible]	[illegible]	Russe	Mirnow	Nikolaj	[illegible]

Quelle: Ortsarchiv Born.

Bei diesen Menschen handelte es sich um „Austauschhäftlinge“. Erschöpfte Häftlinge aus Born kamen nach Barth und sollten offenbar mit Barther Häftlingen ausgetauscht werden, wozu es aber wohl nicht mehr kam. Denn diese nach Barth gebrachten Menschen dürften gemeinsam mit den anderen KZ-Häftlingen aus Barth auf den **Todesmarsch** von Barth Richtung Ribnitz-Damgarten gegangen sein, der am **30. April 1945** begann und der von Natalja Jeske in ihrem Buch „Das KZ-Außenlager Barth. Geschichte und Erinnerung“ ausführlich beschrieben ist.[129] Wir wissen daher, daß die SS-Wachmannschaften des Todesmarsches bereits am 1. Mai den Todesmarsch verlassen hatten und auf der Flucht waren und dass am 1. Mai nachmittags „spä-

[129] Natalja Jeske, Das KZ-Außenlager Barth. Geschichte und Erinnerung. Scheunen-Verlag 2010, S. 162 ff.

testens ab 16.30 Uhr" russische Panzer in **Ribnitz** waren.
„Am Morgen des 10. Mai 1945 um 10 Uhr zogen die Truppen der Roten Armee in Barth ein."[130]

Pastor Pleß notiert in seinen Erinnerungen über das Ende des Krieges:
„Je näher es dem Ende des Krieges zugeht und die Feinde von allen Seiten näher rücken, kommen *immer mehr Flüchtlinge* auf den Darss. 1939 hatte es mit den Balten begonnen, dabei waren auch der Bischof Poelchau und P. Girgensohn aus Riga in Prerow. Dann waren aus den Städten, auf die Bomben niedergingen, immer mehr Hinterpommern und hatten bei uns Zuflucht gesucht, aus dem westlichen Industriegebiet, aus Hamburg, ja auch aus Stralsund waren Mütter mit ihren Kindern hierher verlegt worden. Und dann kamen die Flüchtlinge aus den Ostgebieten, aus dem Warthegau, Ostpreußen, Westpreußen, Ostpommern. **1945** hatte Prerow wohl 6000 Flüchtlinge und die anderen Orte natürlich auch entsprechend. Schließlich auch im Pfarrhaus 6 Flüchtlingsfamilien.
Als die Rote Armee vor Stettin lag[131], begannen wir Wertsachen zu vergraben (61[132])

---

130 Natalja Jeske, a.a.O. 177

131 April 1945.

132 Die Seitenzahlen beziehen sich auf das Original der „Memorabilia", die im Pfarrarchiv Prerow vorliegen, sie sind in der Handschrift sehr schwer zu lesen, weshalb ich sie im September 2019 in großen Teilen digitalisiert habe

Auch *die Heiligen Geräte vergrub ich auf dem Friedhof* und konnte sie auf diese Weise retten, wie das einst im Nordischen gewesen war.
Und dann kam das bittere Ende.
Am 2. Mai 1945 war der erste Panzer in Prerow, und dann kamen die Truppen auch über das Fischland auf den Darss.
Der *Forstmeister Mueller* in Born war SS-General gewesen und hatte auf dem Darss viele Hunde ausgebildet für allen möglichen Kriegsdienst. Er *wurde hier* ja *gesucht.*[133]
Auch wir im Pfarrhaus bekamen Einquartierung zu den Flüchtlingsfamilien dazu. Am Himmelfahrtstag, es war der 10. Mai, mußten wir dann das Pfarrhaus räumen, wir zogen zuerst in die Kirche, meine Frau und nahm Frl. Ehlert auf, unsere Jungen Frl. Cramer und unsere Tochter Frau Hämer. Auch die Flüchtlingsfamilien fanden schließlich in anderen Häusern ein Unterkommen. Aber der Gottesdienst ist an keinem Sonntag ausgefallen, auch die Beerdigungen in den Dörfern konnte ich halten, ich war immer zu Fuß unterwegs. Vom 2. Mai bis zum September hatten wir im ganzen nur 4 ½ Pfund Brot, wir lebten von Kartoffeln, die die Flüchtlinge, die in ihre Gebiete zurück gingen, zurückließen.

---

133 Mueller hatte sich mehrere Wochen in einem SS-Bunker im Darßer Wald versteckt und konnte sich dann Richtung Hamburg absetzen. **Er war kurz nach dem Krieg bereits Mitarbeiter beim Bundesnachrichtendienst**. Seine SS-Zeit in Born ist juristisch nie aufgearbeitet worden. Interessant ist an dieser Notiz des Pastors: die SS-Meilerei, das KZ im „Borner Hof“, die Lager in Born, Wieck und Zingst werden mit keinem Wort erwähnt.

Es war eine schwere Zeit, *der Darss war besonderes Notstandsgebiet.*
Das *Jagdhaus Görings am Weststrand* [134]war von der SS mit 300 Zentnern Weizenmehl zersprengt worden. Nun kamen immer neue Flüchtlinge aus den Ostgebieten, aus Schlesien und dem Sudetenland. So kamen auch viele Katholiken auf den Darss. *Es war die Hungerzeit und die Zeit der Seuchen,* vor allem Ruhr, Typhus und Fleckfieber.
Der Bahnhof war Seuchenkrankenhaus geworden. In Prerow starb die Schwester[135] an Typhus, in Wieck die beiden Totenfrauen und der Totengräber, in Prerow auch die Totenfrau. Aber ich blieb verschont, der Herr half über alles hinweg. Als wir wieder ins Gartenhaus zogen, hatten auch wir viel verloren an Wäsche, Kleidung u.s.w., dafür aber hatten wir Läuse bekommen und erst nach wochenlanger Reinigung gelang es uns, davon wieder frei zu werden. Das *Sterberegister* gibt Auskunft über die vielen Beerdigungen, die wir hielten. Wir mußten die Menschen ohne Sarg beerdigen, wir legten sie in Prerow in grüne Zweige gebettet, in die Erde, wir hatten einen *Schausarg,* aus dem die Toten dann ausgekippt wurden, ich fand das besonders schlimm. Mit Gottes Hilfe haben wir diese schwere Zeit überstanden. Die Gottesdienste waren in diesen Jahren immer gut besucht, da die Menschen ja einen Halt suchten.
Es kamen dann auch die ersten Unterstützungsmaßnahmen (62) aus dem Umland durch das Hilfswerk der

---

[134] Von Görings Jagdhaus ist mittlerweile gar nichts mehr übrig. Die See hat sich alles geholt

[135] Gemeint ist die Gemeindeschwester

evangelischen Kirchen. Man könnte ja über diese Zeit unendlich viel schreiben, so darüber, daß wir oft nicht mehr Kartoffeln hatten.
Im **Herbst 1945** bekam ich dann das erste Fahrrad, das aus allen möglichen Teilen zusammengestellt war, die Bereifung war doppelt übereinandergesetzt. Aber es war doch eine Hilfe, daß man nicht mehr alles zu Fuß machen mußte. Es war ja nun auch die Christenlehre zu erteilen. Ich habe sie wochenlang selbst erteilt in Prerow und dann auch in Wieck, bis wir die ersten Hilfskräfte bekamen.
Ganz allmählich bekamen wir wieder Verbindung mit der Kirchenleitung, die nun in Greifswald ein Konsistorium gebildet hatte.
Wir hatten die Bahn verloren, die Gleise waren weggerissen, es fuhren wohl einige Pferdefuhrwerke nach Barth. Aber an der Hohen Dühne und an der Brücke über den Bodden waren *Sperren*, ebenso auf dem Vordarss und in Ahrenshoop; man konnte immer nur mit besonderen Ausweis zum Gottesdienst und Amtshandlungen gelangen.
Aber das kirchliche Leben ging weiter. Allmählich konnten wir die Kirchenfenster wieder erneuern, die durch die *Sprengungen von Munition am Strande* gesprungen waren.
Einzutragen ist hier auch, daß die Witwe des Lotsen Theodor Rohde unserer Kirche das Segelschiff im Goldrahmen geschenkt hat, das an der Südseite neben dem Eingang hängt. …..

Zeittafel

(links: Daten im Landkreis; rechts: Daten im „Reich“

	30.1.1933 Hitler wird zum Reichskanzler ernannt
	7.4.1933 Gesetz zur Wiederherstellung des Berufsbeamtentums (mit dem berüchtigten „Arier-Paragraphen)
	23. 6. 1933 Evangelische Kirchenwahlen im Reich. Wahlsieg der „Deutschen Christen“
	11.09. 1933 Gründung des Pfarrernotbundes durch Martin Niemöller
	27.09.1933 Nationalsynode wählt Ludwig Müller zum „Reichsbischof“
Anfang Mai 1934. Pastor Pleß weiht in Prerow, Wieck und Born „3 Hitler-Eichen“.	
	29. – 31. 5. 1934 Bekenntnissynode in Dahlem: „Be-

	kennende Kirche".
	30.06.1934 „Röhm-Putsch" Hitler schaltet die SA praktisch aus, führend wird nun die SS
	2.8.1934 Tod Hindenburgs. Die Wehrmacht wird auf Hitler vereidigt. Hitler ist nun „Führer und Reichskanzler"
4.10.1934 Grundsteinlegung der Kapelle in Born, die der Kriegerverein als „Gefallenen-Gedächtnis-Kapelle" schon 1925 vorgeschlagen hatte	
	13.1.1935 Saarabstimmung. Knapp 91% der Saarländer stimmen für die Rückgliederung ins Deutsche Reich.
	30.1.1935 Die neue Gemeindeordnung führt das Führerprinzip auf kommunaler Ebene ein. Bürgermeisterwahlen entfallen künftig, sie werden von der NSDAP ernannt.
	4. – 5. 3. 1935 die Altpreußische Bekenntnissynode

	beschließt eine Kanzelerklärung gegen die NS-Rassenideologie und das „Neuheidentum". 700 Pfarrer werden verhaftet.
	11.3.1935 Göring gibt die Existenz einer Luftwaffe bekannt.
	16.3.1935 Wiedereinführung der Wehrpflicht
	26.6.1935 für Männer zwischen 18 und 25 wird ein halbes Jahr „Reichsarbeitsdienst" Pflicht.
28. Juli – 4. August 1935. Großes HJ-Lager in Prerow auf der „Pfarrwiese". Ärger mit der Kirchgemeinde	
	10. – 16. 09. 1935 NSDAP Reichsparteitag in Nürnberg beschließt die „Nürnberger Rassegesetze"
	Januar 1936. Nur noch Mitglieder der „Hitlerjugend" sollen für eine Beamtenlaufbahn zugelassen werden.

	29. 3. 1936 Reichstagswahlen. Die NSDAP bekommt 98,8% Zustimmung. Juden sind nicht wahlberechtigt
	1.8.1936 Eröffnung der XI. Olympischen Spiele in Berlin
20.8.1936. Das Pfarramt Prerow richtet eine „Auskunfts-Stelle für Ariernachweise“ ein.	
	24. 8. 1936 Einführung der zweijährigen Wehrdienstzeit
	26.8.1936 Hitler befiehlt in seiner Denkschrift zum Vierjahresplan, die Wehrmacht müsse in vier Jahren „einsatzfähig“ und die Wirtschaft „kriegsfähig“ sein
18. 9. 1936 Franz Mueller-Darß tritt in die SS ein.	
26.6. – 6. 7. 1937 Zeltlager des HJ Jungbanns auf der Pfarrwiese in Prerow. Ärger mit der Kirchgemeinde	
	1.7.1937 Verhaftung Martin Niemöllers (Prozess und Einweisung ins KZ im

	Frühjahr 1938)
	8.11.1937 Goebbels eröffnet die Ausstellung „Der ewige Jude“ in München
	1938 werden zunächst nur für wehrpflichtige Männer die **Personalausweise** eingeführt, allerdings schon für sämtliche Juden
	12. 3. 1938 Einmarsch deutscher Truppen in Österreich
	17.8.1938 alle Juden müssen den zusätzlichen Namen „Sara“ bzw. „Israel“ tragen
Pogrom-Überfälle auch in Barth	9./10.11.1938 Pogrom in Deutschland („Reichskristallnacht“)
	15.11.1938 jüdische Kinder dürfen nicht mehr gemeinsam mit nichtjüdischen Kinder in eine Schule gehen
	23.8.1939 Deutsch-sowjetischer Nichtangriffspakt
	1.9.1939 deutscher Überfall auf Polen. Beginn des Zwei-

	ten Weltkrieges. Offizieller Beginn der „Euthanasie-Aktion“
	17./18.10.1939 erste Deportationen von Juden aus Österreich, Böhmen und Mähren nach Polen
	10.5.1940 Beginn der deutschen Offensive im Westen
12.5.1940 In der Kirche Prerow wird der erste Gefallene dieses Krieges aus Prerow gewürdigt	
Januar 1941. In Wieck werden 50 männliche Häftlinge aus dem KZ-Neuengamme zum Reetschneiden untergebracht. (KZ-Außenlager Wieck/Darß)	
	6.4. 1941 Deutscher Überfall auf Jugoslawien und Griechenland
11.6.1941 Der Darßwald wird per Erlaß zum Staatsjagdrevier erklärt. Hochrangige Jagdgesellschaften werden künftig im Darß jagen.	

	22.6.1941 Überfall auf die Sowjetunion. SS-Einsatzgruppen ermorden 1 Million Kommunisten, Juden, „Zigeuner“
	1.9.1941 Juden in Deutschland (ab 6 Jahre) müssen den „Gelben Stern“ tragen.
Dezember 1941: (bis April 1942). Die SS errichtet bei **Zingst** (Sundische Wiese) erneut ein KZ-Außenlager von Neuengamme. 50 männliche KZ-Häftlinge (mit zwei Ausnahmen allesamt Zeugen Jehovas) sind zum Reetschneiden eingesetzt. **KZ-Außenlager Darß/Zingst**.	11.12.1941 Kriegserklärung Hitlers an die USA nach japanischem Überfall auf die amerikanische Pazifikflotte bei Pearl Harbor am 7.12.
	20.1.1942 Wannsee-Konferenz zur „Endlösung der Juden-Frage“
	Ende März 1942. Erste Judentransporte aus Westeuropa und dem Reich nach **Auschwitz**
24. – 27. April 1942. Die britische Royal Airforce fliegt schwere Luftangriffe	

gegen Rostock.	
	Juni 1942 Beginn der Massenvergasungen von Juden in Auschwitz-Birkenau
	22.11.1942 Die 6. Deutsche Armee (ca. 250.000 Soldaten) sind im Raum **Stalingrad** eingeschlossen.
	31. 1. 1943 Kapitulation der 6. Armee in Stalingrad
	18.2.1943 Goebbels Sportpalast-Rede „Wollt ihr den totalen Krieg?“
	19.2.1943 in München wird Sophie Scholl hingerichtet
6.4.1943. Erster Fliegeralarm in Greifswald	
	April 1943 Verhaftung Dietrich Bonhoeffers
	19.4.1943 Aufstand im Warschauer Ghetto
Frühjahr 1944. Der „Borner Hof“ wird von der SS in Born beschlagnahmt.	

	6.6.1944 Alliierte Invasion an der Atlantikküste in der **Normandie**
	20.7.1944 Attentat Stauffenbergs auf Hitler schlägt fehl
10.09.1944 in Born kommen 104 sowjetische Kriegsgefangene als Häftlinge an und werden im KZ „Borner Hof" untergebracht	
	21.10.1944 Aachen ist als erste deutsche Großstadt von Amerikanern besetzt
	12. 1. 1945 **Beginn der sowjetischen Großoffensive** gegen die deutsche Ostfront
	27.1.1945 Befreiung von KZ Auschwitz durch sowjetische Truppen
	4. – 11. 2. 1945 Konferenz von Jalta. Die Aufteilung Deutschlands in Besatzungszonen wird beschlossen

	9.4.1945 Dietrich Bonhoeffer wird in Flossenbürg hingerichtet
12.4.1945. 30 „Austausch-Häftlinge“ aus dem KZ Born werden ins KZ Barth gebracht	
Ende April 1945. Ein Konvoi der SS Leibstandarte Heinrich Himmlers ist bei Born im Darßer Wald auf der Flucht Richtung Wustrow/Hamburg	
30.4.1945 Beginn des Todesmarsches vom KZ Barth	**30.4.1945 Hitlers Selbstmord**
Ende April/Anfang Mai 1945 werden Teile der SS-Meilerei in Born von der SS gesprengt. Görings Forsthaus wird von der SS gesprengt. Mueller-Darß und andere SS-Männer auf der Flucht.	
1. Mai 1945. Russische Truppen erreichen **Ribnitz** - die SS Wachmannschaften des Todesmarsches vom KZ Barth sind auf der Flucht	1. Mai 1945. Joseph Goebbels tötet erst seine sechs Kinder, dann seine Frau und sich mit Cyancali.

2.5.1945 Der erste russische Panzer erreicht **Prerow**	
	2.5.1945 Die Rote Armee erreicht Berlin
	7.-9.5.1945 **Kapitulation der Deutschen Wehrmacht**
	9. Mai 1945. Hermann Göring wird verhaftet.
10.5.1945 - Pastor Pleß muss mit Familie aus dem Pfarrhaus aus- und in die Kirche einziehen. Flüchtlingsfamilien sind im Pfarrhaus untergebracht. - Die Rote Armee zieht in Barth ein.	
	5.6.1945 Berliner Deklaration der vier alliierten Militärbefehlshaber: Übernahme der obersten Regierungsgewalt in Deutschland durch die Alliierten.
	15. 10. 1946 Hermann Göring nimmt sich einen Tag vor Urteilsvollstreckung mit Zyankali das Leben.

Statt eines Nachwortes:

„Was der Mensch sät, das wird er ernten". Dieser Satz steht geschrieben. Und zwar am Kirchlein in **Born** auf dem Darß. Man kann diesen Satz von außen lesen, muss also nicht mal „in die Kirche gehen".
Der Satz stammt aus der Bibel und findet sich in einem sehr alten Brief, im Brief des Paulus an die Gemeinde in Galatien (das war mal eine römische Provinz und liegt in der heutigen Türkei): Galater 6, Vers 7.
Dass dieser Satz nun gerade in Born am Kirchlein zu lesen ist, kommt mir vor wie ein Omen. Denn gerade hier, wo KZ-Häftlinge im Darßer Wald für die SS Bäume gefällt haben, um sie in der Meilerei zu verkohlen, damit die Wehrmacht Treibstoff hatte für weitere Angriffe – gerade hier, wo auf dem Darß Häftlinge im eiskalten Wasser standen und Rohr schnitten; gerade hier, wo Häftlingsfrauen von den Zeugen Jehovas dem SS-Oberführer die Kartoffeln kochten; gerade hier wo die scharfen Wachhunde für die Konzentrationslager ausgebildet wurden und gerade hier, wo in einer Ecke des Friedhofes KZ-Häftlinge verscharrt liegen – gerade hier ist dieser Satz sehr wahr und unmittelbar verständlich: wer Haß sät, wird Haß ernten. Wer Tod sät, wird Tod ernten.
Das hat Deutschland gesehen, das hat Deutschland erlebt.

Aber wer Liebe sät, wird Liebe ernten. Und wer Versöhnung sät, wird Versöhnung ernten. Das ist die Zusage, die von jenem Satz über dem Eingang des Kirchleins in Born auch ausgeht.

Vieles, was auf dem Darß gewesen ist in jenen dunklen Jahren zwischen 1933 und 1945, ist noch nicht dokumentiert und noch nicht ausgesprochen. Viel zu vieles wird immer noch verschwiegen und vertuscht. Das Aussprechen von dem, was gewesen ist, ist aber *Voraussetzung* dafür, dass Versöhnung gelingen kann, das weiß jeder Seelsorger und jeder Therapeut. Heilung kann nur gelingen, wenn man genau hinschaut und den Schmerz annimmt. Viele Kommunen in Deutschland sind mittlerweile dabei und unterstützen ihre Ortsmuseen und ihre oftmals als „Einzelkämpfer“ engagierten Ortschronisten mit aktiver Erinnerungsarbeit: Ausstellungen, Lesungen, Zeitzeugeninterviews.

Meine Hoffnung, dass dieses kleine Büchlein wie eine Saat ist, aus der Gutes erwächst.
Diese Saat möge aufgehen und Versöhnung stiften.
Es ist an der Zeit, daß die Generation der Enkel und Urenkel ihren Frieden macht mit der Generation der Großväter und Urgroßmütter. Das kann auch gelingen. Die Voraussetzung dafür ist allerdings, daß man sagt, was gewesen ist.

Literaturverzeichnis:

Archive

Universität Greifswald, Online-Archiv
Bundesarchiv online
Ortsarchiv Born
Darß-Museum Prerow
Pfarramtsarchiv Prerow
Stadtarchiv Barth

Quellen:

1. Memorabilia, die Erinnerungen des Pastor Dr. Pleß; Pfarramtsarchiv Prerow
2. „Darßer Bote", Gemeindeblatt der evangelischen Kirchgemeinde, 1934 – 1941; Pfarramtsarchiv Prerow
3. Protokolle der Sitzungen des Gemeindekirchenrats; Pfarramtsarchiv Prerow
4. Barther Zeitung; Stadtarchiv Barth
5. Pommersche Zeitung, Bundesarchiv online; Stadtarchiv Barth
6. Joseph Goebbels, Tagebücher, Piper 2000
7. Zeugenaussagen zur SS-Meilerei Born; Ortsarchiv Born
8. Heimat-Jahrbuch für Stralsund, Franzburg-Barth; Stadtarchiv Barth

Sekundärliteratur:

1. Frank Bajohr. Unser Hotel ist judenfrei. Bäder-Antisemitismus im 19. und 20. Jahrhundert. Fischer-Taschenbuch 2003
2. Kyra T. Inachin, Die Geschichte Pommerns; Hinstorff 2008
3. Wolfgang Reif (Hg). Land im silbernen Licht. Fischland/Darß/Zingst, Lesebuch Band 1, Fischerhude 2013
4. Wolfgang Reif (Hg). Ankernd am Rande der großen Flut. Fischland/Darß/Zingst. Lesebuch Band 2, Fischerhude 2013
5. Bernd Goltings. Verkehrsgeschichte der Halbinsel Fisch-

land-Darß-Zingst. Band 1. Darß Verlag Prerow 2016
6. Gerta Anders. Die Halbinsel Darß und Zingst. Hinstorff 1954
7. Friedrich Schulz, Die Halbinseln Darß und Zingst; Verlagsbuchhandlung Ahrenshoop 2008
8. Volker Knopf; Hermann Görings Jagdhaus Darß; Ex Nunc Verlag 2018
9. Kristine von Soden, „Ob die Möwen manchmal an mich denken?“ Die Vertreibung jüdischer Badegäste an der Ostsee. Aviva 2018
10. Cornelia Schmalz-Jacobsen. Russensommer. Als der Krieg vorbei war: Meine Erinnerungen. Penguin Verlag 2018
11. Doris und Jörg Pagel, Holger Becker. Der Darß. Prerow, Wieck, Born. Sutton Verlag 2014
12. Chr. Links Verlag. Orte der Geschichte. Insel Usedom 1933-1945; Berlin 2018
13. Natalja Jeske. Das KZ-Außenlager Barth. Geschichte und Erinnerung. Scheunen-Verlag 2010
14. Jan Erik Schulte/Michael Wildt (Hg). Die SS nach 1945. Entschuldungsnarrative, populäre Mythen, europäische Erinnerungsdiskurse. Unipress 2018
15. Franz Wegener. Barth im Nationalsozialismus. KFVR 2016
16. Martin Kaule. Mecklenburg-Vorpommern 1933-1945. Der historische Reiseführer. Ch. Links Verlag Berlin 2015
17. Martin Kaule. Ostseeküste 1933 – 1945. Der historische Reiseführer. Ch.Links Verlag, Berlin 2018
18. Katja Ikern, Uwe Klußmann, Eva-Maria Schnurr (Hg). Als Deutschland sich neu erfand. Die Nachkriegszeit 1945 – 1949. Spiegel Buchverlag. Penguin Verlag 2019
19. Friedrich Winter. Bischof Karl von Scheven (1882-1954), Wichern-Verlag 2009

Ulrich Kasparick
Biografische Angaben

Geboren 1957 im Süden Brandenburgs
aufgewachsen in einem evangelischen Pfarrhaus in der Altmark
Abitur am Kirchlichen Proseminar in Naumburg
Studium der evangelischen Theologie an den Universitäten Jena und Leipzig, Schwerpunkt: neuere Kirchengeschichte zwischen 1900 und 1945
Stadtjugendpfarrer in Jena
1990 bis 1998 Arbeit für die Friedrich-Ebert-Stiftung in Berlin, Potsdam und Magdeburg
1998 – 2009 Mitglied des Deutschen Bundestages
2005 – 2009 Parlamentarischer Staatssekretär
2009 – 2011 Sabbath-Zeit
2011-2017 Pastor in der Uckermark
Seit Anfang 2018 im „Unruhestand", unter anderem Kurprediger auf dem Darß. Nun ist die Gelegenheit günstig, das Interesse aus Studienzeiten an der Zeit zwischen 1900 und 1945 mit regionalgeschichtlichen Studien fortzusetzen......

Bücher unter anderem:
„Notbremse". Autobiografische Notizen.
Gütersloher Verlagshaus 2010

Theas Stein. Die Geschichte der jüdischen Familie Jacoby.
Eine Familiengeschichte aus der Uckermark.
Schibri-Verlag Strasburg/Berlin 2015

Denn sie hatten keinen Raum in der Herberge. Uckermärker erzählen von einem besonderen Weihnachten in ihrem Leben. Interviews. Schibri-Verlag Strasburg/Berlin 2017

8,90€

Zeitfracht Medien GmbH
Ferdinand-Jühlke-Straße 7,
99095 - DE, Erfurt
produktsicherheit@zeitfracht.de

FSC
www.fsc.org
MIX
Papier | Fördert
gute Waldnutzung
FSC® C083411